ようこそ
教育心理学
の世界へ

神藤貴昭・久木山健一 著

第三版

北樹出版

Contents

Contents　　**5**

【第3版】
ようこそ
教育心理学の世界へ

1 教育心理学とは

はじめに：教育実習で直面すること

　あなたは教職課程を履修し、いよいよ教育実習生となりました。期待と不安でいっぱいのあなたが、教室のドアを開けました。すると、生徒同士がとっくみあいをしていました。さて、あなたならどうしますか？

　この本を手にとっているみなさんの多くは、教師をめざしている方でしょう。教師をめざしているみなさんが（何年生かにもよりますが）さしあたって不安に思うことのひとつに、「教育実習」があるでしょう。

　教育実習で、児童生徒の前に立つと、これまであなたが生徒だったときと違う「景色」がとびこんできます。授業でわからなそうな顔をしている子ども、言いあいをしている2人の子ども、おとなしくて声をかけても話さない子ども。生徒のときには心にもとめなかったようなことが、ずしりと心のなかに重くのしかかってきます。教師の卵として、どうするべきか、迷われることも多々あるでしょう。

❶ 教育にかかわる学問を学ぶ意義

　教育実習時、そして教員として採用されたあと、いろいろな場面に出あいます。子どもや他の先生、さらには保護者や地域の人たちとどのようにかかわっていくか。常に、具体的な場面では、1回1回の慎重な判断が必要になってきます。その意味で、「このような場合はこうすればよい」という万能の解答はないといえます。では、教育学関係の学問や、教育に関する書籍や論文が無駄かというと、そうではありません。

　子どもを前にして、具体的な場面でなんらかの判断をくだすさいには、あなたがそれまで身につけてきた教養とでもいうべきものが一瞬のうちに現れます。

たとえば、目の前にやる気がない子どもがいた場合、原因をいろいろ考え、手だてをいろいろ考えなければなりません。そのさいに、教育心理学や教育方法学、教育相談学、教育哲学、教育社会学などいろいろな学問（教職課程で履修されていることでしょう）で培ってきた知識や考え方が実を結びます。これらの学問は、みな「教育」という事象を扱いますが、それぞれにみかたや論じかたが異なるので、これらを総合的に学ぶことによって、あらゆる角度から「教育」をみる力が養われます。万能薬はありませんが、それによって、あなたの「引き出し」は豊かになります。ぜひ、具体的な場面で柔軟に適切に対応するための教養を、今のうちに身につけておきましょう。

　もちろんこれらの学問を学ぶこととあわせて、具体的な教育技術を多く身につけたり、学習指導案を書く練習をしたり、学校ボランティアなどで教育現場を体験することも大事です。水泳の理論をいくら学んでも、泳げるとは限りません。同様に、教育に関する知識を身につけるだけではなく、これらの体験をすることによって、教師としての実践力を身につけることができます。しかし、ただやみくもに水につかる体験をするだけでは泳ぐことはできません。泳ぎかたの知識、安全に関する知識などがないと、泳ぐことはできません。教育も同じです。教育に関する学問をしっかりと身につけることと、豊富な体験をすることの両方を大事にしてください。

❷　教育心理学とは何か

　日本教育心理学会編『教育心理学ハンドブック』によると、**教育心理学**とは「一言でいえば、『教育』という事象を理論的・実証的に明らかにし、教育の改善に役立てる学問」であるとされます。そのうえで、「教育に関する他の諸科学と区別されるのは、その方法論にあるといっても過言ではない」「教育心理学は、調査・実験・実践などを通して、みずからデータをとって、経験的・実証的に現象を理解することを目指すという志向が強い」としています。

　「経験的・実証的」というのは、一般的に、心理学が重視する方法論であり、

人の行動が引き起こされるメカニズムを、必ずなんらかの証拠に頼って解明する、という点を指しています。教育心理学は、「教育」という場、つまり「教え学ぶ」ということがおこなわれている場において、行動がどのように引き起こされるのかを、実験や調査や観察などをおこなうことにより得られた証拠にもとづいて解明していくという学問です。

　「教育」といえば、学校教育が思い浮かぶでしょうが、それだけではありません。「教育」は、家庭や地域、企業などにおいてもみられる現象です。「教育」という場では、さまざまな現象が起こります。学校を例にとると、友人ができた、授業内容に興味をもった、先生に相談して気が晴れたなど、あるいは、勉強に対するやる気が出なくなった、友人とけんかをしてしまった、跳び箱を跳ぶのに自信がなくて跳び箱の直前で止まってしまった、深刻なものには、いじめがあった、などなど、いろいろな現象が起こります。教育心理学では、これらの現象を、大きく、「発達」「性格」「社会」「教授・学習」「測定・評価」「臨床」「障害」というくくりにわけています（日本教育心理学会編『教育心理学ハンドブック』）。これらが、教育心理学が研究の対象とする内容であるといえます。

❸　他の学問とのかかわり

　教育心理学は心理学の１つであるので、他の心理学（社会心理学・発達心理学・臨床心理学・健康心理学・性格心理学など）の知見も援用されています。たとえば、教室の人間関係の分析のために、社会心理学の知見が用いられることがあります。

　他方で、教育心理学は、教育学の仲間とされることもあります。教育心理学は、教育社会学、教育方法学、教育哲学、教育行政学など、「教育〇〇学」の一員です。これらの名称は大学の教職課程や教員養成課程とよばれるカリキュラムのなかに、授業名として、多数見受けられるでしょう。これらは、教育という事象を、いろいろな角度から分析していく学問群です。

　このように教育心理学は、他の学問分野との関連性が強い学問分野であり、

他の学問分野との連携が必要な学問分野であるといえます。また、「教育」という具体的な現場を対象にするので、必ず、「自分がおこなっている研究は、どのような意味で、実践的な意義があるのか」という問題意識をもって研究を進める必要があります。また、教育心理学の本や論文を読む側も、常に実践とのかかわりを考えながら（自分が経験した具体例を思い浮かべる等）読む必要があります。

❹　教育心理学研究がめざす方向

　教育心理学の研究は、その目的により、法則定立的研究と個性記述的研究に分類できます。**法則定立的研究**は、個別事例を多く収集し、そこから一般的な法則を導きだす研究です。**個性記述的研究**は、個別事例を詳細に検討する研究です。たとえば、「無気力」を研究する場合、多くの人にアンケート調査をおこなって、その一般的な傾向（たとえば「親からの期待」が強い人ほど無気力になっているのでは、という仮説）を実証するようなアプローチ（法則定立的研究）が考えられるし、ある一人の無気力状態になっている高校生をめぐって、人間関係の様子やこれまでの履歴を詳細に調べるというアプローチ（個性記述的研究）もあります。前者では一般的な法則を導くことがめざされますが、後者では、新たな仮説の生成や臨床的治療がめざされます。

　法則定立的研究と個性記述的研究が、お互いの強みを生かしあいながら発展することで、教育心理学研究が発展していくと考えられます。

❺　教育心理学の研究法

　心理学の研究方法には、観察、実験、調査、事例研究があり、教育心理学においてもこれらの方法を用いて研究が進められています。これらの研究法の特徴を簡単に説明しましょう。

1. 観　　察

　観察は、目の前で起こっている現象を、記述し分析していく方法です。たとえば砂場で遊んでいる幼児がどのような状況で他の幼児とトラブルを起こすかを明らかにするために、砂場での幼児の行動を詳細に見て記述し、それを分析していきます。観察法には、研究者が手を加えず、自然な状況のなかでの行動を観察する方法（自然観察法）と、研究者がなんらかの介入をおこない、そのもとでの行動を観察する方法（実験的観察法）があります。

　観察では、数多くある場面や時間のなかでどの部分を研究対象にするかが問題となります。「ある一定の時間内、あるいはある時点での観察すべき行動を抽出する方法」（澤田・南, 2001）が時間見本法です。「日常生活の中でターゲットとしている行動がくりかえし生起しそうな代表的な場面や、日常生活の中で意味のある場面を選択して、その場面で生ずる行動を観察する方法」（澤田・南, 2001）が場面見本法です。

2. 実　　験

　実験は、「研究者が意図的・計画的に諸条件を統制して変数を操作し、変数間の因果関係についてより明確な結論を得ようとする」（南風原・市川, 2001）方法です。たとえば、大学生を無作為に３つのグループＡ、Ｂ、Ｃにわけ、並んだ数字を記憶してもらう研究を実施するとします。グループＡではごろ合わせで覚えてもらう、グループＢではごろ合わせを歌にして覚えてもらう、グループＣではとくに何もおこなわず記憶させます。さて、どの覚えかたが一番記憶に残るか、ということを調べます。この場合、各グループを通して、「覚え方」以外は、実験室の様子や実験者の様子、課題の困難度もまったく同じにしなければなりません。それによって、変数間の因果関係について、「より明確な結論」を得ることができます。

　教授法の研究などでは、実際の教室を用いた実験がおこなわれることが多いですが、すべての変数を統制するのが難しい場合もあり、その場合は結論をだすさいに慎重になる必要があります。

3. 調　査

調査とは、「研究者から対象者にあまり影響を与えることなく、通常の意識や行動についての情報を得ようとすること」（市川，2001）です。調査には、質問紙法と面接法があります。

質問紙法では、たとえば、「友人の数」と「無気力」の度合いの関連を、大人数から得たデータをもとにして分析することができます。その場合、「友人の数」や「無気力」をどのように定義し、どのような項目で尋ねるかが重要となってきます。

面接法では、個々人についての詳しいデータを得ることができます。面接中に、研究者が詳しく尋ねたい事項がでてくると、その部分をより詳しく掘り下げて聞くことができます。面接には構造化面接（あらかじめ尋ねる項目を決めておく方法）、半構造化面接（あらかじめ尋ねる項目を用意しておくが柔軟に質問内容を加えたり変えたりする方法）、非構造化面接（あらかじめ尋ねる項目は決まっておらず、柔軟に話の流れのなかで質問していく方法）があります。

4. 事 例 研 究

個性記述的研究では、その目的から、ある1人の人物について、詳細に検討していく**事例研究**が用いられます。必要に応じて、上記のような面接や質問紙調査や観察などがおこなわれ、それらの結果が総合的に検討されます。カウンセリングの過程を詳細に分析し、治療の方向性を決めたり、治療の評価をおこなったりするといった目的で、臨床的研究において用いられることが多い研究法です。

❻　理論と実践：どう「生かす」か ●

さて、教育心理学の知見をどのように読み、どのように生かすことができるでしょうか。とくに教師になった場合、どのように生かせるかを考えてみます。実験や調査、観察から得られた、一般的な法則や理論をそのまま個別の場面にあてはめて「生かす」ことは困難な場合があります。たとえば、やる気がない

子どもがいたとしてもその原因はさまざまで、「こうすれば必ずやる気が上がる」という万能薬としての法則や理論はないといえるでしょう。しかし、さまざまな原因を検討するさいの枠組みとして、教育心理学の法則や理論は役立ちます。ああかもしれない、こうかもしれないと、児童生徒と向きあうときの視点として役立ちます。上で述べた「教養」として、あるいは「引き出し」として役立つわけです。

　では、事例研究の場合はどうでしょうか。事例研究が掲載された本や論文を読んでも、「事例」は所詮、特殊な1回きりのケースでしかないので、生かしようがないと思うかもしれません。しかし、そのようなケースを読むさいに、自ら体験しているものとして読んでみること、つまり、頭のなかでシミュレーションして読んでみることによって、児童生徒をみるときの視点が鍛えられます。ここに豊富な事例を知ること、読むことの意義があります。また、他人の目（その論文を書いた人の目）になり、自らの視点を相対化することの意義もあります（自分ならこう生徒に指導しただろうに、なぜこの人はそのように指導したのだろうか、などと考えることができます）。

　「生かす」ことを考えるさいに重要な点が2つあります。1つめは、短期的な視点と長期的な視点の2つが必要だということです。冒頭にあげました「教室のドアを開けると、生徒がとっくみあいをしていました」という事例の場合、危険を感じる場合は、まず緊急に止める必要があります。その後、お互いの話を聞くということも必要です。さらに、今後このようなことが起こらないように、生徒同士の人間関係、各生徒のもっている背景の把握が必要ですし、ホームルームなどを生かした長期的な視点でのとりくみも必要かもしれません。

　2つめは、個人をみる視点だけではなく、集団をみるという視点も重要だということです。「とっくみあい」の背景には学級集団からの力が働いているかもしれません。たとえば、その学級集団の特徴として、「とっくみあい」を面白がりはやし立てる雰囲気があることが考えられた場合は、「とっくみあい」の当事者だけではなく、学級集団にもメスを入れないといけません。また、もちろん、上記のようなホームルームや授業などを生かした指導では、学級集団

の特徴の理解が必要になってきます。

❼ 教育心理学の学習にあたって

　これまで、教育心理学とはどのような学問かということについて、いろいろな観点から述べてきました。厳密な実証をめざしつつ、実践的な要請に応えるということがこの学問の特徴であるといえるでしょう。「厳密な実証」という特徴をもつので、教育心理学の授業は、教職課程で用意されているさまざまな授業のなかでも、冷静に教育を語ることになり、ややもすれば、かたい、とっつきにくい印象を受けるかもしれません。「教師になるぞ！」という熱い意識を、ときには冷ましてしまうこともあるかもしれません。

　しかしながら、「厳密な実証」とはいうものの、教育心理学は、生きた複雑な対象を扱う、不安定な学問でもあり、これからまだまだ発展していくべき分野であるといえます。受講中に感じたみなさんの素朴な疑問やアイデアは、教育心理学の発展につながる余地が十分にあります。ぜひ、素朴な疑問をもって、自分や自分のまわりの人の経験を思い返しながら、積極的に授業を受けてみてください。教育の世界は、メディア環境の変化、教育課程の変化、地域社会の変容、家族のありかたの変容など、さまざまな社会的な状況による影響を受けます。若い人のほうがそのようなことを敏感に感じていることでしょう。そのような意味でも、学生のみなさんは教育心理学という学問分野を豊富にしていくことができる立場にあります（もちろん、教育心理学の基礎を学んだ上で、という条件がありますが）。ぜひ一緒に教育心理学の世界を味わいましょう。

　本書は、次の第2章で「発達」、第3章で「学習」を扱います。われわれは、時間的経過にともない、いろいろな面の「発達」を経験します。こういうことができるようになった、わかるようになった、など。他方で、われわれは、毎日のように新たに「学習」（勉強といってもいいかもしれません）をし、賢くなっていきます（誤った「学習」もありますが）。「発達」と「学習」について考えることは、教育をするにあたっての一番の基礎になります。

さらに第4章で「動機づけ」、つまりやる気の問題を扱います。また、第5章では「知能・記憶・メタ認知」の問題を扱います。ここでは、新たに物事を学ぶにあたって大切な役割を果たす心理的メカニズムについて考えていきます。

　第6章では、「教授学習過程」、第7章では「教育評価」、第8章では「教師」を扱います。これらは、学びを制度のなかで実現する、学校教育において具体的に現れる現象について述べたものです。

　第9章では「仲間関係」、第10章では「パーソナリティ」を扱います。子どもたち、というより、人間、人それぞれで、人間が集合するといろいろな問題も生じます。そのような問題について考えます。

　第11章では「学校における不適応」、第12章では「ストレスと健康」、第13章では「教育相談」、第14章では「発達障害と特別支援教育」を扱います。子どもたちはそれぞれに「生きづらさ」をかかえています。そのような問題を考えます。

　では、みなさんを教育心理学の世界に招待しましょう。

　ようこそ！　教育心理学の世界へ！

（神藤　貴昭）

【文　　献】

南風原朝和・市川伸一　2001　実験の論理と方法　南風原朝和・市川伸一・下山晴彦（編）心理学研究法入門：調査・実験から実践まで．東京大学出版会　93-121.

市川伸一　2001　心理学の研究とは何か　南風原朝和・市川伸一・下山晴彦（編）心理学研究法入門：調査・実験から実践まで．東京大学出版会　1-17.

日本教育心理学会（編）　2003　教育心理学ハンドブック．有斐閣.

澤田英三・南博文　2001　質的調査―観察・面接・フィールドワーク　南風原朝和・市川伸一・下山晴彦（編）　心理学研究法入門：調査・実験から実践まで．東京大学出版会　19-62.

2 発　達

はじめに

　まずは、「昔は子どもだったな…」と思う事柄を3点ほど思いだしてみてください。そして、子どものころの自分と今の自分の違いを、以下の形式で書き入れてみてください。

　　　・オバケが本気で怖かった　→　・想像上のものであると理解　（例）
　　　・＿＿＿＿＿＿＿＿＿＿＿＿　→　・＿＿＿＿＿＿＿＿＿＿＿＿＿＿＿＿
　　　・＿＿＿＿＿＿＿＿＿＿＿＿　→　・＿＿＿＿＿＿＿＿＿＿＿＿＿＿＿＿
　　　・＿＿＿＿＿＿＿＿＿＿＿＿　→　・＿＿＿＿＿＿＿＿＿＿＿＿＿＿＿＿

　上に書かれた変化には、個人個人でさまざまなものがあると思いますが、それらは基本的にみな「発達」ととらえることができます。

　日常的に使われる「発達」という言葉には、完全なものに近づくことや、より高度な状態に進むような、山の高みをめざして進むようなポジティブなイメージがあります。そのため、これまでの教育心理学では、生まれてから学校に通えるころまでの乳幼児期や児童、大人への移行期である青年期への注目がおもなものでした。しかし、発達はその時期だけの現象ではありません。

「みなさんはもう十分大人でしょうか？」、「みなさんの親も大人ですが、みなさんは親同様の大人になれているでしょうか？」　これらの問いにすぐにハイと答えられる人は大学生にはまだ少なく、これから自身がさらなる発達を経験しなければならないことを痛感する人のほうが多いのではないでしょうか。

　自身のこれまでの発達をふりかえることも重要ですが、自身のこれからの発達について学び将来に向けて備えることもまた重要でしょう。そのため、本章では生まれてから大人になるまでにとどまらず、人間が生まれてから死ぬまでの心身のさまざまな機能が変化する生涯的なプロセスとして発達をとらえてみていくことにします。

❶ 発達の基本的法則

　図 2-1 は、胎生から成人までの頭身の変化を示しています。お腹の中で 4 頭身まで発達してから生まれ、2 〜 4 歳児ころで 5 頭身になり、成人では 8 頭身に変化しています。このことより、発達に従って全身の中で頭が占める割合が減少することが分かるでしょう。

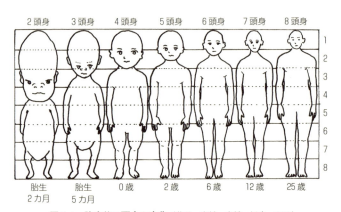

図 2-1　胎生後の頭身の変化 (若井・高橋・髙橋・堀内, 2006)

　このことは、頭のほうが足などよりも早く発達するという「**頭部から尾部**（脚部）」という方向性があることが示されているといえます。また、小さい子どもが指を全体としてしか動かせないのに、発達が進むにつれて一本一本を繊細に動かせるようになるという「**中心から周辺**」という方向性があることも示されています（図 2-2）。

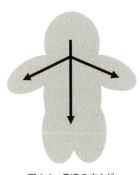

図 2-2　発達の方向性

　また、発達には連続的なとらえかたと非連続的なとらえかたがあります。「朝目覚めたら身長が 5cm も伸びていた！」ということがないように、人は毎日少しずつ連続して発達しているものです。青虫からさなぎになり蝶に変化していくような、

	0	1	2	3	4	5	6	7	8	9	10	11	12	13	14	15
ピアジェ (認知発達)	感覚運動期		前操作期 (前概念的 段階)		前操作期 (直感的思 考段階)		具体的操作期						形式的操作期			
エリクソン (心理社会的)	Ⅰ基本的 信頼		Ⅱ自律性		Ⅲ自主性		Ⅳ勤勉性						Ⅴ同一性			
フロイト (リビドー)	口唇期		肛門期		男根期		潜在期						性器愛期			

図 2-3　代表的な発達段階の時期と対応関係

明らかに非連続的な発達はヒトにはあまりみられませんが、期間を区切ってみればすごく身長が伸びた時期もあれば、体重ばかり増えて身長が伸びない時期というものもあります。このように、発達がある時期とある時期とで様相が異なることについては、各時期を段階ととらえる**発達段階**という考えかたが採用されています。代表的な発達段階の理論としては、認知発達に関するピアジェ（Piaget, J.）、心理社会的発達に関するエリクソン（Erikson, E. H.）、リビドーの発達に関するフロイト（Freud, S.）などが存在します（図2-3）。

　その他の発達の法則としてローレンツ（Lorenz, 1983）が紹介した**刷り込み（インプリンティング）**の現象に代表される、発達にはそれにふさわしい時期があり、それを違えると正常な発達が阻害されるという**臨界期**の存在や、発達は**分化**と**統合**のくりかえしによるものであるとする理論なども存在します。

❷　発達をみちびくもの

　ヒトを含む動物の生まれかたは、**離巣性**と**就巣性**にわけられます。離巣性の例としては、孵化してすぐ目が開き歩行できるヒヨコや、すぐ立って移動できる運動や感覚の機能を有して生まれてくるウマやサルなどが存在し、生まれてすぐ大人と同じ行動ができることが特徴です。対して就巣性のものとしては、ツバメは目も見えず巣のなかで親に栄養補給を依存する状態で生まれてきますし、犬も生まれたときは体毛もなく運動や感覚の機能が未熟です。

　人間は、妊娠の期間も長く一度に生まれる数も少ないため、成熟してから子

どもを産む離巣性的な特徴があるといえます。しかし人間の子どもは、感覚能力を有して生まれてくるものの、運動機能などは未発達のままで生まれる就巣性の性質も有しています。これは、他の動物と比較して人間の大脳が大型化しすぎたため、出産時の負担を避けるために早産状態で出産せねばならないためといわれています。これらのことより、人間は**生理的早産**をする動物であるとされ、また**二次的就巣性**を有すると表現されます。

ポルトマン（Portman, A.）によると、人間は生理的早産状態で生まれてくるため、他の動物よりもよりいっそう生まれてからの環境の影響を受ける存在とされます（ポルトマン, 1961）。また、親からの遺伝による影響も大きく受けることになります。では、発達に遺伝と環境はどのようにかかわるのでしょうか。

発達に関しては、当初遺伝の要因を重視した研究が多くなされ、優生学や家系研究などが存在していました。しかし、学習理論の台頭とともに、発達に対する環境要因の影響を重視する立場が強くなってきました。そうした時代の雰囲気を示す逸話の例として、**ワトソン**（Watson, J. B.）は、自身に1ダースの健康な子どもを与えてくれたなら、素質とは関係なしにどんな職業の人間にもすることができると豪語したといわれています（Watson, 1925）。また、人間でも

ルクセンブルガーの図式

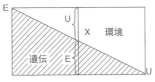

E点寄りの形質ほど遺伝の規定を強く受け、U点寄りの形質ほど環境の規定を強く受ける。E点、U点は極限点であって、遺伝または環境の規定だけを受ける形質は存在しないと考える。

遺伝可能性が顕在化する程度と環境の質との関係
（Jensen, 1968）

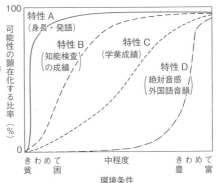

図2-4 輻輳説と環境閾値説（新井, 2000）

オオカミに育てられた場合、オオカミ的な習慣を身につけたなどという野生児に関する報告がなされた時代もありました（アマラとカマラの話など。なお、これらの報告を疑う立場として鈴木（2008）などが存在します）。

　現在では、発達には遺伝と環境のどちらか一方ではなく両方の要因が影響するとされています。**シュテルン**（Stern, W.）は、発達には遺伝と環境の両方が関与するという**輻輳説**を唱えました（図2-4）。また、**ジェンセン**（Jensen, A. R.）は両者の関係に閾値的な関係があるとの仮説を考え、**環境閾値説**を提唱しました。これは、遺伝の出現のしかたに環境要因の善し悪しがかかわりうるという視点の説になっています（図2-4）。こうした考えにもとづき、安藤（2011）はさまざまな心理・行動的形質に遺伝と環境がどの程度ずつ影響するかについて、**双生児法**などを用いた結果をまとめています。同じ知能でも言語性知能は環境の影響が高いのに対して、空間性知能は遺伝の影響が強いなど、遺伝と環境の影響の度合いが形質ごとで大きく異なるのが理解できるのではないでしょうか（図2-5）。

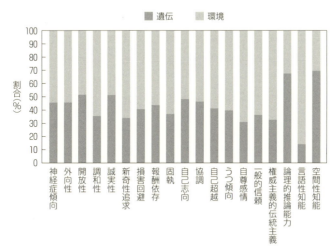

図2-5　心理的・行動的形質に寄与する遺伝と環境の影響

（Ando et al., 2004；Kamakura et al., 2007；Ono et al., 2002；敷島ら，2006, 2008；Shikishima et al., 2006, 2009；「遺伝マインド」p.53）

❸　愛着の形成

　親が子を大事に思い、子も親を大事に思う。そうした親子の間に強い絆が結ばれるのも発達によるものです。ボウルビィ（Bowlby, J.）はある特定の人間もしくは動物と、他の特定の人間もしくは動物との間に形成された情愛の絆（affectional tie）のことを愛着（attachment）とよびました。愛着の形成にかかわる行動として、愛着行動が存在します。愛着行動は大きく分けると以下の３つが存在します。定位行動とは、親を探したり親のたてる音を聴いたりするなど、視覚や聴覚を通じて親の存在を確認しようとする行動です。信号行動とは、泣いたり声をだしたり体を動かしたりして信号を発し、親の注意をひき自分への接近を促す行動です。接近行動とは、親にしがみついたり、這ったり歩いたりして親に接近し、親との接近状態を維持しようとする行動です。

　生まれてから三か月くらいまでは、愛着行動はあまり相手を選ばず誰に対しても行われます。その後相手を区別して愛着行動をしめすようになり、親はそうした選別を受けることで子どもへの愛着を深めていきます。そして２、３才くらいまでには対象の区別はより明確になり、見知らぬ人への不安や警戒が高まることで人見知りがみられるようになります。また、親を安全基地とすることによって、徐々に親と離れていても落ち着いていられるようになり、外の世界への探索行動をしめすようになります。

　愛着の質を測定する手法として、エインズワース（Ainsworth, M.D.S.）ら（1978）によるストレンジ・シチュエーション法が存在します。これは、実験室に１歳から１歳半ころの子ども、母親、ストレンジャーの３者がいる状況で、親からの分離や再会などを体験した子どもの示す行動の観察を通じて母子間に形成されている愛着の質を検討する方法です。

　Ａタイプ（不安・回避）では母親がいなくなっても平気で、再会しても母親を無視したり、抱かれても抱きつかず、おろしても抵抗しないなど、母親との接触を回避します。Ｂタイプ（安定型）では、母親がいなくなると不安をしめしますが、母親が戻ってくると安心できて、また活発に遊べるようになります。

Cタイプ（不安・抵抗型）では、母親を完全には信頼出来ないために一緒にいるときでも不安で母親から離れられず、再会しても情緒的な混乱は収まらずに母親に身体的接触を求めるが、母親に抱かれてもなかなか機嫌が戻らず、たたいたり蹴ったりとかいった怒りを伴なった反抗をしめします。

　現在では上記の3タイプに加えて、Dタイプ（無秩序型）の存在が指摘されており、顔を背けながら親との接触を求めるなどの接近と回避が同時に活性化される現象がみられ、子どものしめす行動に一貫性がないことが特徴とされます。

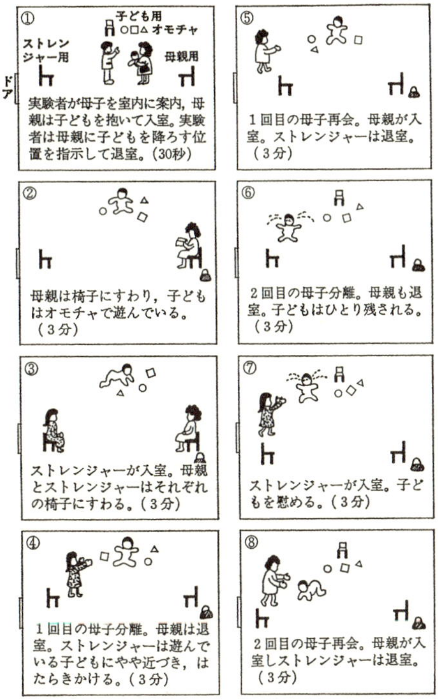

　愛着は、子どもの頃の親子関係の様相に影響を及ぼすだけではなく、対人関係の基本的なモデルとして内

図2-6　ストレンジ・シチュエーション法の代表的な手続き（繁多, 1987）

在化されそれ以降の対人関係の基礎として働き続けます。こうした考えのことを内的作業モデル（Internal Working Model : IWM）と呼び、第9章で学ぶ仲間関係などにも関連があることが示されています。

④　ピアジェの認知発達論

　視覚や聴覚などの五感を通じて環境を知覚したり、知覚した情報をもとに思考したり、その結果を言語などで表現したりするといった、人間の知的活動全般の機能を認知機能とよびます。**ピアジェ**（Piaget, J.）は、認知機能の発達につ

いて４つの段階を提案し、各段階の移行の早い遅いなどの個人差は存在しても、その段階の移行の順序自体には違いがないと指摘しています。

第１段階は、**感覚運動期**とよばれ、生まれてから表象機能が完成する２歳くらいまでの時期とされます。生まれてから２歳くらいまでの記憶が残っている人がほとんどいないことからわかるように、この時期は記憶の保持がほとんどできない状態で開始します。そこから、Ⅰ. 反射、Ⅱ. 第１次循環反応（自分の身体）、Ⅲ. 第２次循環反応（身体と環境の関わり）、Ⅳ. 目的－手段の関係づけによる行動、対象の永続性の成立、Ⅴ. 第３次循環運動（目的達成のための試行錯誤）、Ⅵ. 洞察の６段階を経て表象が形成されていきます。

第２段階は、**前操作期**といわれ、大体２歳くらいから小学校入学前くらいの時期とされます。また、前操作期はさらに、物事に対して安定した概念をもてない**前概念的段階**（２歳から４歳くらいまで）と、概念は有しているが論理的思考に欠けている**直観的思考段階**（７歳くらいまで）にわけることができます。

前操作期の認知の特徴の１つとして、**自己中心性**があげられます。この場合の自己中心性はわがままや自分勝手であるということではなく、自分がみていることに認知判断が大きく影響されることや、他者の視点での思考が難しいという意味での自己中心性となります。

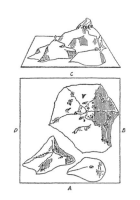

図 2-7　ピアジェの三つ山課題
（Piaget, & Inhelder, 1956）

このことを示した実験として**三つ山課題**があります（図2-7参照）。３つの山の模型をみせて子どもに絵を描かせてみると、自分が実際にみている方向からの絵は描けます。しかし、「向かいの子どもからはどのようにみえているでしょう？」という問いかけに対しては、自分が今みえている絵しか描けないということが実験の結果明らかになっています。同様の実験として、心の理論のサリーとアンの課題（第14章参照）などもあげられます。

また、前操作期の特徴のもう１つとして、**保存の概念**が未形成であることがあげられます。保存とは、

"対象のもっているさまざまな属性や形態を変化させても、その総量（総和）は一定である"ということを意味しています。たとえば、1つの粘土玉を5つの粘土玉にわけても、その重さの総和が変わらないことは自明のことです。また、形状の異なるグラスにジュー

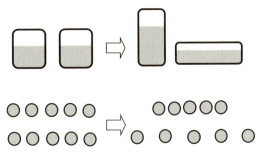

図2-8　ピアジェの保存概念の模式図

スを移し替えても、こぼしたりしない限りジュースの量が変わらないことも自明のことです（図2-8）。

　しかし、保存の概念のできていない子どもでは、5つにわかれた粘土玉のほうが重いと答えたり、グラスの形状で背が高くなったジュースのほうが量が多いと答えたりします。

　第3段階は、**具体的操作期**と称され、第4段階は**形式的操作期**と称されます。具体的操作期は6歳から12歳までのおおよそ小学生の時期であり、形式的操作期は中学生以降の時期となります。この2つの段階の違いを理解するには、小学校の算数と中学校の数学の違いを考えるとよいでしょう。この2つにはどのような違いがあったでしょうか？

　一番大きな違いとしては、算数ではりんごやみかんといった具体的なものを題材とした計算だったのが、数学では x や y といった変数を用いた方程式などが存在することがあげられます。鶴亀算と連立方程式の違いなどが例になるでしょうか。このことは、具体的操作期の子どもは、かなりのレベルの論理的思考が可能ではあるが、目の前に具体的な対象がないと不可能だということを示しています。形式的操作期になると、そうした思考の制限などがなくなり、大人同様の抽象的な思考などが可能になるとされています。

❺ エリクソンのライフサイクル理論

　先のピアジェが、認知機能という頭の働きの発達を研究した人であれば、**エリクソン**（Erikson, E. H.）はおもに社会との関連のなかで人間の心理的発達を研究したといえます。また、ピアジェがおもに生まれてから成人になるまでのみを４つにわけて検討したのに対し、エリクソンは生まれてから死ぬまでの人生全体を８つにわけて検討しています。エリクソンの理論は「健康なパーソナリティ」が、危機を体験しながら、自己の潜在的なものを「**漸成原理**」にしたがって発展させていく過程を生まれてから死ぬまで全体的にとらえたものであり、そのため**ライフサイクル理論**とよばれたりします（Erikson, 1980）。

　エリクソンの主張した８つの発達段階は、それぞれの段階で達成すべき課題が設定されており、「A vs. B」というようにその課題が達成できた人の特徴と、達成できなかった人の特徴の対立図式で説明されています（図2-9）。そして、達成できた人が得られる強さについても言及されています。

　第Ⅰ段階（「**基本的信頼**」vs.「**基本的不信**」）では、親との関係性を通じてまわりの世界への全般的な信頼感を得られるかが課題とされています。第Ⅱ段階（「**自律性**」vs.「**恥・疑惑**」）では、トイレットトレーニングなどの親のしつけを受けるなかで他者に迷惑をかけず自分も殺さずにコントロールしながら自分の欲求を適切に表明できるようになるかが課題とされます。第Ⅲ段階（「**自主性**」vs.「**罪悪感**」）では親の保護から離れて自発的な探索行動をおこなうなかで、自分で自主的に主導性をもって行動することができるようになるかが課題とされます。第Ⅳ段階（「**勤勉性**」vs.「**劣等感**」）では、家庭から仲間関係が主である学校に活動の場が移行し、そこで友人との比較にさらされるなかで自分で何かに打ち込んでそれを努力や忍耐によって成し遂げることができるという感覚をもてるかが課題とされます。

　エリクソンの理論のなかでもっとも注目がなされているのが第Ⅴ段階（「**同一性（アイデンティティ）**」vs.「**同一性拡散**」）になります。この段階は思春期の第２次性徴とともに始まり、身体の大きな変化によって自己というものへの違和感

	I	II	III	IV	V	VI	VII	VIII
								統合性 vs. 絶望 英知
							生殖性 vs. 停滞 世話	
						親密性 vs. 孤立 愛		
					同一性 vs. 同一性拡散 忠誠			
				勤勉性 vs. 劣等感 有能感				
			自主性 vs. 罪悪感 目的					
		自律性 vs. 恥・疑惑 意志						
	基本的信頼 vs. 基本的不信 希望							
段階 時期	I 乳幼児期 (誕生〜1歳)	II 幼児期前期 (1〜3、4歳)	III 幼児期後期 (4〜6歳)	IV 児童期 (小学生)	V 青年期	VI 青年期後期	VII 成人期	VIII 老年期

図 2-9　エリクソンの発達段階

が高まることで本格化します。この時期は、先に述べたピアジェでいうと形式的操作期の始まりにも該当し、高まった自己意識によるさまざまな問いに対して、抽象的な思考で解決しようとするため、余計に自己に対する問いが集中してしまう時期といえましょう。

　同一性という概念は、心理学を越えてさまざまな分野で使用されており、またその定義もさまざまなものが存在しますが、まとめてみると、「どんな状況においても首尾一貫した同じ自分」「本当の自分」とは何かという問いに対しての答えと、社会に対する自分の存在意義や価値が一致していることといえます。

自分とは何かという問いについてしっかりと考え、その結果として自分の納得のいく答えをだせてそれに打ち込めている人は同一性を達成できているといえましょう。けれども、自分とは何かということを考えることから逃げだして問題を先送りしていたり、もしくはほとんど考えもせずに答えをだしてしまっていたりする場合は、自分が何者であるかわからず、社会のなかでの自分の価値もみいだせずに、そのため自身の将来への展望もできない状態になってしまいます。

　第Ⅵ段階（「親密性」vs.「孤立」）では、恋人との関係などによって獲得されていき、自身の同一性とともに相手の同一性も尊重して、お互いに独立した存在であることを尊重しつつ、相手との深い関係性を形成できるかどうかが問われる時期となります。第Ⅶ段階（「生殖性（世代性）」vs.「停滞」）では、親や指導者として次世代の指導や世話を積極的におこなうことで、自身を次世代に継承できたというポジティブな感情になれるかが課題として設定されています。第Ⅷ段階（「統合性」vs.「絶望」）では、老化などにより「死」というものを意識せざるをえなくなった状況のなか、これまでの自分の人生をふりかえるなかで自分の選んできた人生の選択を受け入れることができ、これまでの人生を総体としてよかったものだと思うことができるかが課題とされています。

　本章の後半では、代表的な発達段階としてピアジェのものとエリクソンのものをとりあげて概観しました。どちらの発達段階にも、その段階の移行と学校制度が深くかかわっていることがわかったと思います。そのため、自身の小中高の時代を思いだして、より具体的に発達段階を理解できるようにしてみると、教員になって児童生徒の発達を理解する力の育成に役に立つと思います。

❻　コールバーグの道徳性発達理論

　道徳性の発達の研究では、コールバーグ（Kohlberg, L.）によるモラル・ジレンマ課題を用いたものが有名です。「病気で死に瀕している妻をもつハインツがいます。病気を治す薬は存在しますが、その薬には製造費の 10 倍の値段がつけられており、ハインツは知人などより必死にお金を集めましたが薬の値段

表 2-1　コールバーグの道徳性の発達段階（Kohlberg, 1976；二宮, 2001 に柏木, 2017 が加筆したものによる）

前慣習的段階	Ⅰ「罪と服従への指向」	苦痛と罰を避けるために、大人の力に譲歩し、規則に従う。
	Ⅱ「道具主義的な相対主義」	報酬を手に入れ、愛情の返報を受ける仕方で行動することによって、自己の欲求の満足を求める。
慣習的水準	Ⅲ「対人的同調、「良い子」指向」	他者を喜ばせ、他者を助けるために「良く」ふるまい、それによって承認を受ける。
	Ⅳ「法と秩序」指向	権威（親・教師・神）を尊重し、社会的秩序をそれ自身のために維持することにより、自己の義務を果たすことを求める。
後慣習的水準	Ⅴ「社会契約的な法律指向」	他者の権利について考える。共同体の一般的福祉、および法と多数者の意志によりつくられた標準に従う義務を考える。公平な観察者により尊重される仕方で行為する。
	Ⅵ「普遍的な倫理的原理の指向」	実際の法や社会の規制を考えるでなく、正義について自ら選んだ標準と、人間の尊厳性への尊重を考える。自己の良心から非難を受けないような仕方で行為する。

の半分までしか集めることができませんでした。ハインツは値引きや後払いができないかと薬屋に相談しましたが、薬屋は儲けにならないからと断りました。そして思いつめたハインツは、薬屋に泥棒に入りました。」といった仮想の話を提示して、ハインツがそのような行動を行ったのはどのような判断であったかについてさまざまな年齢の子どもに尋ね、その反応を元に道徳性の発達には 6 つの段階があることを提案しました。

　発達段階はそれぞれ 2 つの段階が存在する 3 つの水準からなりたっています（表 2-1）。各段階の移行の早い遅いには性差や文化差が存在しますが、他者の視点や社会的慣習・規則が考慮できない水準からそれらに基づく判断ができるような水準を経て、最終的に既存の慣習への絶対視にとどまらずより普遍的な視点での判断の水準に移行することが指摘されています。

（久木山　健一）

① ピアジェの理論と学校制度の関連について考察してください。
② エリクソンの理論にもとづいてこれまでの自身の発達について考察してください。

【文　　献】

アドルフ・ポルトマン（著）　髙木正孝（訳）　人間はどこまで動物か　―新しい人間像のために―.　岩波新書.

Ainsworth, M.D. S., Blehar, M.C., Waters, E., & Walls, S. 1978 *Patterns of attachment*. Lawrence Erlbaum Associates.

安藤寿康　2011　遺伝マインド　―遺伝子が織り成す行動と文化―.　有斐閣.

新井邦二郎（編著）　2000　図でわかる学習と発達の心理学.　福村出版.

Bowlby, J. 1958 The nature of the child's tie to his mother. *International Journal of Psychoanalysis*, 39, 350-373.

Bowlby, J. 1969 *Attachment and loss*. Vol. 1. Attachment. Basic Books.
　（ボウルビィ, J.（著）　黒田実郎ほか（訳）　1976　母子関係の理論　Ⅰ　愛着行動.　岩崎学術出版社）

Erikson, E. H. 1980 Identity and the life cycle. Norton.　西平　正・中島由恵（編）　2011　アイデンティティとライフサイクル.　誠信書房.

繁多　進　1987　愛着の発達　―母と子の心の結びつき―.　大日本図書.

Lorenz, K. 1983 THE KING SOLOMON'S RING. Deutscher Taschenbuch Verlag GmbH + Co. KG Munich. 日高敏隆（訳）　1987　ソロモンの指輪―動物行動学入門―.　早川書房.

Piaget, J. & Inhelder, B.　1956　*The child's conception of space*. Routledge.

鈴木光太郎　2008　オオカミ少女はいなかった　―心理学の神話をめぐる冒険―.　新曜社.

若井郁夫・髙橋道子・髙橋義信・堀内ゆかり　2006　グラフィック　乳幼児心理学.　サイエンス社.

Watson, J. B. 1925 *Behaviorism*. Norton. 安田一郎（訳）　1980　行動主義の心理学.　河出書房新社.

コラム1　あなたの同一性地位は？

　先にあげたエリクソンの第Ⅴ段階について、マーシャ（Marcia, J. E.）は、職業や信念などについて、選択決定するさい、いくつかの可能性について迷う重大な転換点である**危機（クライシス）**を経験したか、また選択したものに打ち込んでいるかどうかという**傾倒（コミットメント）**という要因を導入して詳しく検討しました（Marcia, 1966）。危機を経験して傾倒できてはじめてアイデンティティは確立されるのであり、傾倒はできているが危機を経験していないものを早期完了、危機を経験している最中であるため傾倒できていない**モラトリアム**、過去に危機を経験した、していないにかかわらず現在は危機の最中にあらず傾倒できていない状態をアイデンティティ拡散とよびました。みなさんはどれに近いかを、下の質問に答えることで検討してみてください。

全然そうではない ←――――→ まったくそのとおりだ

①現在の自己投入

1．私は今、自分の目標を成し遂げるために努力している……………1・2・3・4・5・6
2．私には、特にうちこむものはない……………………………………1・2・3・4・5・6
3．私は、自分がどんな人間で何を望みおこなおうとしているのか
　　を知っている………………………………………………………1・2・3・4・5・6
4．私は『こんなことがしたい』という確かなイメージを
　　持っていない………………………………………………………1・2・3・4・5・6

②過去の危機

1．私はこれまで、自分について自主的に重大な決断を
　　したことはない……………………………………………………1・2・3・4・5・6
2．私は、自分がどんな人間なのか、何をしたいのかということを、
　　かつて真剣に考えたことがある…………………………………1・2・3・4・5・6
3．私は、親やまわりの人の期待にそった生き方に疑問を
　　感じたことはない…………………………………………………1・2・3・4・5・6
4．私は以前、自分のそれまでの生き方に自信が
　　もてなくなったことがある………………………………………1・2・3・4・5・6

③現在の自己投入の希求

1．私は、一生けんめいに打ち込めるものを積極的に
　　探し求めている……………………………………………………1・2・3・4・5・6

2. 私は、環境に応じて、何をすることになっても
   とくにかまわない ･･････････････････････････････････1・2・3・4・5・6

3. 私は、自分がどういう人間であり、何をしようとしているのかを、
   今いくつかの可能な選択を比べながら真剣に考えている ････････1・2・3・4・5・6

4. 私には、自分がこの人生で何か意味のあることができるとは
   思わない ･･1・2・3・4・5・6

！それぞれの得点を足すさい、□で囲まれた質問項目の得点は逆転してください。

(1⇔6、2⇔5、3⇔4)

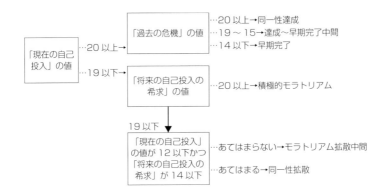

(久木山　健一)

【文　　　献】

加藤厚　1983　大学生における同一性の諸相とその構造．教育心理学研究, **31**, 292-302.

Marcia, J. E. 1966 Development and validation of ego identity status. *Journal of Personality and Social Psychology*, **3**, 551-558.

3 学　　習

はじめに

　あなたの、今日の朝から夜までの行動を思い出してみましょう。目覚まし時計で起きて、顔を洗って、フォークとスプーンを使って朝食をとり、歯を磨いて、着替えて……定期券を出して、電車に乗って……。これらの行動は、よく考えると、生まれてすぐのころ（あるいは幼いころ）にはできなかった、「後から身についた行動」だといえます。他の動物と比べると、人間の行動は、このようなものが多いのではないでしょうか。教育を受けたり、親からしつけられたりという経験、やってみたらうまく物事が進んだ、あるいは、逆に手痛い失敗をしたという経験によって、後から身についた行動であるといえます。もちろん、イヌが「お手」をしたり、池の鯉が手をたたくと寄ってくる、というように、他の動物も、なんらかの経験によって後から身についた行動をすることがありますが、人間は圧倒的に「後から身についた行動」を多くするのではないでしょうか。

❶ 学習とは

　上にあげたような、経験による比較的永続的な行動の変容のことを**学習**といいます。「学習」というと、この語の一般的な用法から、教科の勉強をすることが思い浮かぶかもしれません。もちろん、教科の勉強をして知識や技能を身につけることは学習ですが、それ以外にもいろいろな領域で、われわれは学習をします。本能的な行動を除いて、われわれが現在、当たり前のようにおこなっている行動も、なんらかの経験がもたらしたものです。ただし、いくら経験による変容でも、たとえば体育授業の後の疲れや、短期的な気分の変容は、学習ではありません。学習とは、比較的永続的な変容である点に注意が必要です。

　われわれは、経験によって、適切な行動を身につけていく必要がありますが、

不適切な行動を身につけてしまうこともあります。たとえば、盗むという行動が、自分に利をもたらすことを経験上知り、その行動をくりかえすようになる人もいるかもしれません。

　あるいは、経験によって、これまでよくおこなっていた行動をしなくなる、ということもあります。たとえば、タバコを吸って友人に嫌われ、それに懲りてタバコを吸わなくなった、などがあげられます。これも学習であるといえます。

　では、学習はどのように生起するのでしょうか。以下では、そのメカニズムをみていきましょう。

❷　古典的条件づけ

　ロシアの生理学者、**パブロフ**（Pavlov, I. P.）は、イヌを対象にした実験（図3-1）をおこないました（Pavlov, 1927）。イヌに肉片を提示すると、イヌは唾液を分泌させます。これは、どのイヌにでもみられる現象であり、このとき、肉片を無条件刺激、唾液の分泌を無条件反応とよびます。次に、イヌにメトロノームを見せました。イヌは、はじめは関心を示しました（おや何だ反応）が、だんだん関心を失いました。次に、メトロノームを見せたすぐ後に肉片を見せる（対提示）、ということをくりかえしました。すると、メトロノームを見ただけで唾液を分泌させるという、変なイヌになってしまいました。このとき、メトロノームを条件刺激、唾液の分泌を条件反応といいます。

　このように、無条件刺激と条件刺激を対提示させることによって、条件刺激だけで無条件反応と同じ反応を引き起こすようにする手続きのことを**古典的条件づけ（レスポンデント条件づけ）**といいます。

　ではたとえば、あなたには、次のような経験はないでしょうか。英語

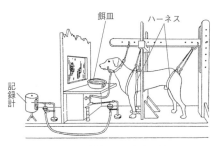

図3-1　パブロフの実験の図

の先生が厳しすぎたために、もともと中性的な刺激だった英語という教科に嫌悪感や恐怖感を抱くようになり、どうしても英語を避けてしまうようになった、というような経験です。このように、人間の恐怖症は、古典的条件づけから説明することができる場合があります。

　あるいは、逆に、魅力的な人がよく飲んでいたお茶の銘柄を、あなたがそのあと好んで飲むようになった、ということも考えられるでしょう。中性的な刺激だったあるお茶の銘柄が、好ましい感情がわくものに変化したのです。

　ワトソン（Watson, J. B.）は、アルバートとよばれる赤ちゃんに、恐怖条件づけをおこないました（この実験は通称「アルバート坊やの恐怖条件づけの実験」とよばれるようになりました）。白いネズミと、赤ちゃんが嫌う金属音を対提示させることにより、白いネズミを見ただけで泣いてしまうだけではなく、白い服を着た人など、「白」という色に恐怖を抱くようになりました。また、イヌなど毛のついたものにも恐怖を抱くようになりました。つまり、恐怖が「白」一般あるいは「毛」一般に、**般化**（汎化）したのです。いわば「白」恐怖症、「毛」恐怖症です。

　般化は、いろいろな場面で経験するでしょう。たとえば、学校の教室で、厳しい先生に頻繁に叱られて、いつもびくびくしてきた人は、学校の教室だけではなく学校の教室のような机やいすの配列がみられる場所に来ると、いやな気分に襲われるかもしれません。このように、古典的条件づけでは、条件刺激に類似した刺激が、条件刺激と同じような働きをするようになることがあります。

❸　オペラント条件づけ

　古典的条件づけによる学習は、受け身の学習ですが、自分からすすんで行動し、そこから得られた結果によって、学習が成立する場合もあるでしょう。**ソーンダイク**（Thorndike, E. L.）は、ネコを問題箱とよばれる箱に入れ、観察しました。その箱から出るための扉を開けるのには、ペダルを踏まなければなりません。ネコは、はじめのうちは、脱出しようともがき失敗をくりかえしましたが、**試**

行錯誤（trial and error）して成功を経験していくと、箱からすぐに脱出することができるようになりました。脱出し自由になるということは、ネコに満足感を与える状態なので、ペダルを踏むという反応は、強く引き起こされることになります（**効果の法則**）。

　自発的な反応に対して、意味のある手ごたえがあれば、その行動頻度が高まったり、低まったりします。そこで、「手ごたえ」を操作することによって後の行動が変容することが考えられます。たとえば、自らすすんで掃除をし、先生からほめられると、その後も自主的に掃除をするようになることが考えられます。逆に、掃除の時間中にチャンバラをしていて先生に叱られることが続くと、そのような行動をしなくなります。

　スキナー（Skinner, B. F.）は、箱のなかに、ネズミを入れて観察をおこないました。箱は、スキナー・ボックスといわれるもので、内部にレバーがついていて、レバーを押すと餌が出てくる仕組みになっています。ネズミは、はじめはレバーに関心を示さないのですが、偶然レバーに触れたさいに餌が出てくる、という経験をくりかえすと、餌がほしいときにレバーを押すという行動をするようになりました。このように、ある行動（この場合はレバーを押すこと）の出現を多くする手続きを**強化**とよび、その行動を強化する刺激（この場合は餌）を好子（強化子）とよびます。上の例「自らすすんで掃除をし、先生からほめられると、その後も自主的に掃除をするようになる」でいうと、好子は「先生からの賞賛」であるといえます。

　逆にある行動の出現を少なくさせる手続きを**弱化**といい、その行動を弱化する刺激を嫌子（罰）といいます。たとえば、上の例「掃除の時間中にチャンバラをしていて先生に叱れることが続くと、そのような行動をしなくなる」でいうと、嫌子は「先生からの叱責」であるといえます。

ライト

レバー

餌皿

水飲み口

図 3-2　スキナー箱の図

表 3-1 「勉強する」行動の強化，「いたずらをする」行動
　　　　の弱化の例

好子の提示	勉強をする→ほめる
嫌子の除去	勉強をする→小言を言わなくする
嫌子の提示	いたずらをする→叱る
好子の除去	いたずらをする→ゲームを取り上げる

　なお、強化には、好子の提示とともに、嫌子の除去も有効です。また、弱化には、嫌子の提示とともに、好子の除去も有効です。

　このように、強化によってある行動の生起頻度を増やしたり、弱化によってある行動の生起頻度を減らしたりすることを、**オペラント条件づけ**といいます。スキナーは、生活体の行動の特徴は外からの刺激を待たなくても自然に自発するところに最大の特徴があると考え、それを表すのにオペラント（働きかける）という意味合いをもつ語を用いました（今田，1996）。オペラント条件づけは、別名で、道具的条件づけともよばれますが、これは、行動することが、あたかも結果を得るための道具のように機能しているからです。

❹　行動分析学　——————————————●

　上記のような条件づけの理論を基礎にして、人間の行動を分析し、予測・制御しようという試みがあります。われわれは知らず知らずのうちに、ついやってしまう行動があります。それが不適切な行動であり、修正する必要がある場合、その行動が生起する前後の状況を分析することが有益となります。

　たとえば、教室で暴れる児童がいたとします。その場合、暴れる前と暴れる後の状況を観察します。そして観察の結果、その児童が暴れるのは、大体昼休みの時間であることがわかったとします。しかも先生が教室のそばにいるときであることがわかったとします。行動の前後を考えると、以下のような図式が推測されました。

　　　昼休みに先生がかまってくれない → 暴れる → 先生が遊んでくれる

つまり、暴れるという行動は、「先生がかまってくれない」状況から「先生がかまってくれる」状態に変化する道具になっていたといえます。

　これを以下のようにすると、暴れるという行動は消失します。

　　　昼休みに先生がかまってくれない　→　暴れる　→　先生が遊んでくれない

　もちろん、先生がこの児童をまったく無視するのは好ましくないので、あわせて、この児童が適切な行動をとったときには、先生がほめてあげることが必要でしょう。あるいは友人と遊ぶことの楽しさを学習させることも必要でしょう。

　このように、行動を分析し、より望ましい状態に変容させる試みが、行動分析学という分野でおこなわれています。杉山（2005）は、**行動分析学**は、「行動の原因を解明し、行動の法則を発見する基礎科学」と、「現実社会における人々の行動の問題を基礎科学で発見された法則に基づいて解決してゆく応用科学」の２側面をもつ、としています。なお第14章では、発達障害児を対象とした行動分析について述べていますのでそちらも参考にしてください。

❺　社会的学習

　直接的な経験がなくとも、他者の行動を観察すること、いわば代理経験をすることによって、その行動をくりかえしおこなうようになる、つまり学習することがあります。これを**社会的学習**といいます。たとえば、兄がお手伝いしているのをみて、弟も同じ行動をするようになるということがあるでしょう。他者の行動を模倣し、自身が他者から強化されることによって、その行動を学習することになります。しかし、自身が他者から強化されることがなくても、他者の行動を観察することによって学習が成立します。これをとくに、**観察学習**（モデリング）といいます。

　バンデューラ（Bandura, A.）は、示範事象（模範とする対象）に対して、注意過程、保持過程、運動再生過程、動機づけ過程を経て、一致反応の遂行にいたる（図3-3）としています（Bandura, 1977）。

　注意過程は、モデルの特質に関する要因、観察者の特質に関する要因、さら

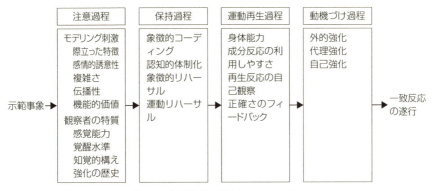

注意過程	保持過程	運動再生過程	動機づけ過程
モデリング刺激 際立った特徴 感情的誘意性 複雑さ 伝播性 機能的価値 観察者の特質 感覚能力 覚醒水準 知覚的構え 強化の歴史	象徴的コーディング 認知的体制化 象徴的リハーサル 運動リハーサル	身体能力 成分反応の利用しやすさ 再生反応の自己観察 正確さのフィードバック	外的強化 代理強化 自己強化

示範事象 →　→　→　→　一致反応の遂行

図 3-3　観察学習の過程（Bandura, 1977）

には、人間関係の構造的配置に関する要因が影響するとされます。どのような人たちをモデルとして「注意」して観察するかには、その観察者が属する人間関係に影響を受けます。粗暴な行動をとる集団と接していることが多い場合には、その粗暴な行動を「注意」することになるでしょう。

　いくらモデルを「注意」して見ていても、「保持」することがないと、学習にはいたりません。モデルの行動を、イメージや言語といった表象で保持する必要があります。また、それを記憶し続けるためには、「リハーサル」も必要になります（第5章参照）。

　その後、「保持」してきたイメージや言語といった表象を、運動として再生することになります。複雑な技術を含むような行動の場合は（はじめて自転車に乗るなど）、モデルの行動とずれた行動を再生することになることが多いと思われます。

　実際に行動を遂行してみて、その行動に価値があることだとわかれば、「動機づけ」が高まり、今後も同様の行動を遂行します。

　観察学習は、テレビなどの画面を通しても成立します。バンデューラら（Bandura, A., Ross, D., & Ross, S. A., 1963）は、モデル（実物の人物）が人形に攻撃（殴るなど）をおこなっているビデオを、幼児に視聴させるという実験を実施しました。その後、連れていかれた別室では、ビデオをみた幼児は同様の攻撃行動

をし、さらに、新たな攻撃行動（銃による攻撃行動）もするようになることをみいだしました。テレビなどのマスメディアを通して、われわれは行動を学習している可能性があると考えられます。

❻ 洞　察　説

これまでみてきたように、学習は、経験のくりかえしによって成立します。つまり、課題によっても異なりますが、ある程度、試行錯誤をするなど、その行動を身につけるために時間が必要であるといえます。ところが、**ケーラー**（Köhler, W.）は、次のようなことを報告しています。チンパンジーがいるオリの外の手を伸ばしてもとれないところに果物を置くと、そのチンパンジーは、まず手を伸ばしてとろうとするがとれないとわかり、その後オリのなかにある棒をみつけると、突然それを道具として使用して、果物をとることに成功しました（Köhler, 1917）。

すなわち、問題解決場面での学習（この場合は棒を使うと果物がとれる）は、時間をかけた試行錯誤の経験を経ず、一挙になされると考えられたのです。このような考えは、学習が洞察によってなされるということで**洞察説**とよばれています。また、チンパンジーの認知が変容したということで、学習の認知説ともよばれます。

❼ 技　能　学　習

学習という現象が生起する説明として、さまざまな理論をみてきました。これまで割と単純な行動の学習を想定してきましたが、人間はいうまでもなく、複雑な行動を学習します。たとえば、自転車や乗用車を運転すること、ギターやピアノを弾くこと、ゴルフや野球をすること。

これらの活動においては、単純な1つの動作の学習ではなく、複雑な技能を学ぶ必要があり、このような学習を**技能学習**といいます。技能学習においては、

1つひとつの動作に関して、強化がなされる必要があります。また、学習者自らの意志で、微妙な行動を調整していく必要があります。したがって、技能学習においては、自己強化が重要な意味をもってきます。

　ギターの弾きかたを身につけることができれば、別の弦楽器の弾きかたを身につけるのが、楽になります。あるいは、バスケットボールに習熟すれば、ハンドボールを迅速に学習することができます。このように、ある学習をすることによって、類似の活動の学習が効率的にできることを、**学習の転移**といいます。われわれは、学習の転移によって、多様な技能学習を短時間で成し遂げることが可能になっているといえます。

❽　認知の枠組みの変容としての学習

　われわれは、同じ刺激を与えられても、反応が異なることも多くあります。このようなことが起こるのは、われわれが、刺激を自分がもっている認知の枠組みで解釈しているからです。たとえば、分数の問題を考えてみましょう。1/4 と 1/3 はどちらが大きいかと問われると、「1/4 ＜ 1/3」であるというのは、自明だと思われるでしょう。しかし、ある子どもは、「みかん4つのうちの1つと、みかん3つのうちの1つを比べると、どちらも『1つ』だから、1/4 と 1/3 は同じではないか」と考えているかもしれません。この場合、全体を「1」とした場合の比較という前提がないと、日常的で具体的なみかんの分配場面などに引きずられて解答してしまいます。子どもが「1/4」や「1/3」をどのようにとらえているか、どのようなところでつまずいているのか、ということを知ることによって、何を教えると子どもの学習が進むのかがわかってきます。

　とくに授業では、子どもたちが日常生活で形成してきた**素朴概念**を、科学的裏付けをもった概念に変容させてゆく必要があります。鈴木（2007）は、「学習者が何かを学習するときに、それと関連した知識を持っている場合がある。こうした知識が素朴概念と呼ばれる」と述べ、このうち教科の概念と一致しない素朴概念を「素朴誤概念」と呼んでいます。例えば、物理学の例をあげましょ

う。地面から上方に投げ、上昇しているボール（手から離れている）にはどのような力が働いているでしょうか。上方に進んでいるので、上向きの力が働いているように思うかもしれませんが、実際は下向きの力（重力）のみが働いています。

　このように、学習とは、認知の枠組みの変容であるととらえることもできます。上記のような認知のつまずきを、カウンセリングのように個別的に解決してゆく方法に、認知カウンセリング（p.77 参照）があります。授業においても、どのような認知上のつまずきがあって、子どもが誤答するのかを考えてみる必要があります。

　小学校・中学校については 2017 年、高等学校については 2018 年に改訂された学習指導要領では、「主体的・対話的で深い学び」の重要性が前面に押し出

表 3-2　授業づくりの要素別にみた「深い学び」と「浅い学び」の比較 （田中，2017）

	「深い学び」	「浅い学び」
学習目標	課題解決的な資質・能力の育成が含まれている。	課題解決的な資質・能力の育成が含まれていない。
学習課題	説明する・発見する・表現する・合意するなどの高次な課題になっている。	知る・理解する・まとめるなどの低次な課題になっている。
学習内容	資料から規則性を発見したり、資料集を越えた新しい資料を活用している。	教科書や資料集の内容を要約することが中心である。
学習形態	役割分担や意見交流をもとにして、課題解決ができる集団である。	理解している人が理解していない人に教えている。
学習方法	再構成・発見・検証・説明・論述・説得などの課題解決的な活動が多い。	教える・まとめる・写す・理解することが中心である。
活動系列	課題解決のための学習プロセスが明確になっている。	課題解決のための学習プロセスが明確になっていない。
メディア活用	子どもたちが課題解決の道具として ICT を用いている。	教師が情報伝達の道具として ICT を用いている。
教材・リソース	教材や資料から規則性や原理を発見することがねらいである。	知識の理解や穴埋めの完成がねらいである。
学習環境	図書館や学習センターを活用して、資料活用による学習を行っている。	教室での教科書と板書が中心の授業になっている。
学習評価	ルーブリック評価や子どもたちによる自己評価や相互評価をしている。	単元テストや定期試験でのペーパーテストが中心である。

されています。「主体的・対話的」な学びときくと、グループ・ワークが思い出されるかもしれませんが、特定の教育方法を指すものではありません。また、グループ・ワークによって、児童生徒が「主体的・対話的」に学んでいたとしても、「深い学び」にならなければ、将来につながる、資質・能力が身についたとはいいがたいでしょう。田中（2017）は、表3-2のように、「深い学び」を「浅い学び」と対比して特徴づけています。

（神藤　貴昭）

課　題

① あなたが今まで先生にほめられてよかったこと、叱られてよかったことを書きなさい。

② あなたが観察学習で身につけたことを書きなさい。

【文　献】

Bandura, A., Ross, D., & Ross, S. A.　1963　Imitation of film-mediated aggressive models. *Journal of Abnormal and Social Psychology*, **66**(1), 3-11.

Bandura, A. 1977 *Social learning theory*. Pearson Education. 原野広太郎（監訳）1979　社会的学習理論：人間理解と教育の基礎.　金子書房.

今田寛　1996　学習の心理学.　培風館.

Köhler, W.　1917　*The mentality of apes*. Berlin: Royal Academy of Sciences. 宮孝一（訳）1962　類人猿の知恵試験.　岩波書店.

Pavlov, I. P.　1927　*Lectures on the activity of the cerebral hemisphere*. Leningrad. 川村浩（訳）1975　大脳半球の働きについて　条件反射学（上・下）.　岩波書店.

杉山尚子　2005　行動分析学入門―ヒトの行動の思いがけない理由.　集英社.

鈴木宏昭　2007　教科学習における問題解決と転移　稲垣佳世子・鈴木宏昭・大浦容子　新訂　認知過程研究―知識の獲得とその応用―.　放送大学教育新興会.

田中博之　2017　アクティブ・ラーニング「深い学び」実践の手引き.　教育開発研究所.

4 動機づけ

はじめに

　もしあなたが大学生なら、あなたが授業に出席している理由は何なのかを考えてみましょう。授業の中身が面白いから。自らを高めたいから。「単位」がほしいから。その授業に出席している友人に会うため。教職課程の授業なら、教員免許がほしいから、教師になるにあたって必要な知識を身につけておくべきと思うから出席している、という場合が多いでしょう。もちろんこれらの動機が複数混ざっている場合もあるでしょう。

　理由はさまざまでしょうが、授業に出席するぞ、というエネルギーをもって教室の席に座っているはずです。それがなければ、「無気力」の状態で、教室には来ていないでしょう。

　例として「授業に出席する」という行動をあげましたが、ある行動を引き起こし、持続させるプロセスを**動機づけ**（motivation）とよびます。動機づけは、強さと方向性をもっています。動機づけが強いか弱いか、また、どの方向に動機づけられているかというものです。「意欲」とか「やる気」という言葉も、「動機づけ」とほぼ同じ意味ですが、これらは価値があるとされる行動（学業やスポーツなど）にのみ用いられます（たとえば、通常、「犯罪へのやる気」とは言いません）。「動機づけ」は価値中立的な言葉であり、したがって学術的に用いられることが多い言葉です。

　いくら学習環境がよくても、あるいは知能が高くても、動機づけがないと何も始まりません。また、教師の立場からすると、教科を教えるさいには、児童生徒の動機づけ状態を考慮しないと、から回りになってしまいます。本章では、動機づけについて考えてみましょう。

❶ コンピテンス・好奇心

　第3章「学習」のところで触れたように、人間は（他の動物もですが）、古典的

条件づけやオペラント条件づけに
よって、行動を習得します。しかし
ながら、強化や弱化がなくても（つ
まりアメやムチがなくても）、人間はい
ろいろな行動を展開しています。

　赤ちゃんをみていると、ハイハイ
もできない時期から、近くにあるお
もちゃやシーツなどを、手で触りに
いき、握っています。また、口でな
めたりもしています。自分が触って

図4-1　ペットボトルに興味を示し、いろいろ働き
　　　かける、3か月になったばかりの赤ちゃん

動きだしたおもちゃに驚いたり喜んだりし、その過程を何度もくりかえしてい
ます。赤ちゃんは、環境に働きかけて、環境からの手ごたえを楽しんでいるよ
うにみえます。**ホワイト**（White, R. W.）は、このような、環境と効果的に相互
作用する能力のことを**コンピテンス**（Competence）とよびました（White, 1959）。
コンピテンスは、能力を示す言葉ですが、動機づけの側面を含んでいる概念で
す。赤ちゃんは一見、無力にみえるかもしれませんが（二次的就巣性という意味で
はそうですが）、実はいろいろなものに興味をもち、知ろうとし、探索する、有
能な存在であるともいえます。

　赤ちゃんでなくても、人間はアメやムチだけで動いている「怠け者」ではな
く、いろいろなものに興味をもち、調べようとする存在であるといえます。で
は、とくにどのようなものに興味をもつのでしょうか。たとえば、あなたが道
を歩いているとき、イヌがいたとします。あなたは「あっ、イヌだ」と思い、
ある程度興味をもつでしょうが、すぐに興味は失われるでしょう。しかし、イ
ヌとネコの中間のようなのがいて、「ワニャーン」とか鳴いたら、がぜん興味
をもち、調べてみたいという気になるに違いありません。つまり、既存の知識
から適度なズレのある刺激が**好奇心**を活性化させるといえます（稲垣・波多野,
1973）。ただし、刺激が過度に新奇的なものならば、不安や恐れが上回ってし
まうかもしれません。

❷　外発的・内発的動機づけ　————————————————●

　動機づけがある状態のうち、外的な報酬が目的ではなく、行動そのものが目的である場合、その状態を**内発的動機づけ**といいます。たとえば、面白いから、あるいは楽しいから勉強しているような場合です。逆に、外的な報酬が目的である場合、その状態を**外発的動機づけ**といいます。たとえば、先生に叱られないように、あるいはご褒美をもらうために勉強しているような場合です。

　ただし、ある行動が、内発的動機づけ状態にあるか、外発的動機づけ状態にあるか、明確に二分法的には判断されないことも多いと考えられます。また、外発的動機づけで始めた行動でも内発的動機づけに変容していくこともあります（その逆もあります）。したがって、内発的動機づけ状態と、外発的動機づけ状態は、連続しており、状態間の移行が可能であると考えられます。**ライアン**（Ryan, R. M.）と**デシ**（Deci, E. L.）は、非動機づけ、外発的動機づけ、内発的動機づけが連続していることを示しています（表4-1）。外発的動機づけのなかにも、外的調整（アメやムチによる：「怒られないように数学を勉強しよう」など）、取り入れ的調整（恥ずかしさや不安による：「点数が悪いと恥ずかしいので数学を勉強しよう」など）、同一化的調整（自分にとって重要だと考えることによる：「数学の勉強は将来にとって大事なので勉強しよう」など）、統合的調整（自分の価値観や目標と一致することによる：「数学的な力をつけたいから勉強しよう」など）と呼ばれる状態があるとしています。なお、無調整はそもそも動機がなく何もしない状態、内的調整はたとえば「面白いから数学の勉強をする」というような活動そのものが目的である状態です。

　次に、内発的動機づけに影響を及ぼす変数についてみていきましょう。

表 4-1　**動機づけのタイプ**（Ryan & Deci, 2002 を修正）

動機づけのタイプ	非動機づけ	外発的動機づけ				内発的動機づけ
調整のタイプ	無調整	外的調整	取り入れ的調整	同一化的調整	統合的調整	内的調整
行動の質	←非自己決定				自己決定→	

デシは、大学生24名を2つの集団（実験群・統制群）にわけ、面白いパズル（ソマパズルとよばれるパズル）を実施してもらう、という実験をおこないました（Deci, 1971）。第1セッション（1日目）から第3セッション（3日目）まであり、各セッションとも、パズルを1問解くにあたって、13分の時間が与えられました。なお、パズルを解く時間の間に、8分間の休憩がとられました。

実験群では、「第2セッションでは1問正解につき1ドルが支払われる」と予告されました。実際、第2セッションでは、1問正解につき1ドルが支払われました。なお、第3セッションでは、支払われることはありませんでした。他方、統制群では、第1から第3セッションまでそのような支払いやアナウンスはありませんでした。

各セッションの休憩時間では、楽しげな本が置いてあるので、大学生は、それを読んでもよかったのですが、さらにパズルをすることも可能でした。実験では、各大学生が、休憩時間においても（しなくてもいいのに）パズルを解いていた時間が測定されました。その結果、実験群では、第3セッションの休憩時間でパズルをする時間が減少しました（表4-2）。統制群ではそのような傾向はみられませんでした。つまり、外的報酬が内発的動機づけを低減させたのです。これを**アンダーマイニング現象**といいます。自己決定により、面白くてやっていたパズルが、お金のためにやっているようになってしまい、さらに、お金がもらえなくなると、パズルに興味をなくしてしまったと解釈できます。

また、**レッパー**（Lepper, M. R.）らは、幼児を対象にした実験で、絵を描くという行為に対して、報酬を与えることを予告して実際に報酬を与える群、予告

表4-2 各セッションにおいて、学生が休憩時間にパズルに取り組んだ平均時間

群	第1セッション	第2セッション	第3セッション	第3セッション－第1セッション
実験群	248.2	313.9	198.5	－49.7
統制群	213.9	205.7	241.8	27.9
統制群における（第3セッション－第1セッション）－実験群における（第3セッション－第1セッション）				－77.6

注 数値の単位は秒。

せずに報酬を与える群、無報酬の統制群を設定し、外的報酬が内発的動機づけに及ぼす効果を検討しています（Lepper, et. al., 1973）。外的報酬は金のシールとリボンがついた賞状でした。その結果、報酬を与えることを予告して実際に報酬を与えた群において、内発的動機づけの低下が認められました。他の群ではこのような変化は認められませんでした。外的報酬そのものより、外的報酬を期待することが、内発的動機づけの低下に結びついていることが考えられます。

　内発的動機づけには、評価構造の影響があることも示されています。鹿毛（1993）は、小学校 5 年生に算数の分数の授業をおこない、評価構造が内発的動機づけにどのような影響を及ぼすかを実験によって検討しています。実験では、評価基準（到達度評価か、統制（評価基準を設けない）か）と評価主体（教師評価か自己評価か）をくみあわせて、小学生を 4 グループに分類しました。授業の途中で小テストをおこなうのですが、その際に、到達度・教師評価群では、教師がテストを採点し、到達度評価をして返却しました。また、到達度・自己評価群では、自己採点をし、到達度評価表に自分で記入をしました。統制・教師評価群では、教師がテストを採点し返却、統制・自己評価群では未採点のテストを返却し自分で採点しました。授業は 7 日間おこなわれ、各授業では（1 回目の授業を除き）、前回の最後におこなった小テストを返却しました。その結果、到達度評価をおこなうことが内発的動機づけを促していることが示されました。また、到達度評価と自己評価がくみあわされた場合に、とくに、もともと内発的動機づけが低い子どもの内発的動機づけを高めることが明らかになりました。

❸　原 因 帰 属

　内発的動機づけで、学校の学業やスポーツにとりくむことができれば理想的でしょうが、現実には、表 4-1 にあるような外発的動機づけのいずれかの状態でとりくむことが多いといえるでしょう。では、なんらかの形で動機づけがある状態を保ち、がんばってやるぞと思える人と、そうでない人の違いはどこにあるのでしょうか。そのひとつとして、失敗や成功の原因を何に求めるか、つ

表 4-3 原因の位置・安定性・統制可能性次元のくみあわせによる成功・失敗の認知の決定因（Weiner, 1979; 奈須, 1995）

| | 統制可能 | | 統制不可能 | |
	安定	不安定	安定	不安定
内的	ふだんの努力	一時的な努力	能力	気分
外的	教師の偏見	他者の日常的でない努力	課題の困難度	運

まり**原因帰属**がのちの達成動機づけを規定していることがあげられます。

　原因の帰属先に関しては、**ワイナー**（Weiner, 1979）が整理をしています（表4-3）。ワイナーは、原因の帰属先を、内的なものか外的なものか、安定的なものか不安定的なものか、統制可能かそうでないか、という視点で分類しています。みなさんも、たとえば、テストに失敗したとき、表4-3にあるようないずれかの原因を想定したのではないでしょうか。

　では、原因帰属は、その後の動機づけにどのように影響するのでしょうか。奈須（1990）は、数学の試験で失敗したと感じている中学1年生を対象に、中間試験の失敗結果についての原因帰属が、どのような感情を導き、さらに期末テストの成績にどのような影響を及ぼしているのかを検討しました（図4-2）。

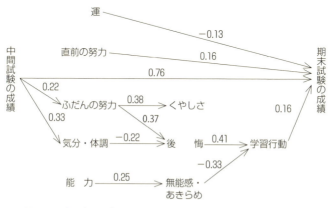

図 4-2　パスダイアグラム（p<.05 で有意なパスのみ図示）（奈須, 1990）

その結果、「ふだんの努力」に帰属することによって後悔が生まれ、学習行動につながっていることが示されました。また、「能力」に帰属することは無能感・あきらめにつながっています。

❹ 自己効力感

　いくら好奇心があっても、あるいは、大事だとわかっていても、なかなか実行に踏み出せない行動があるでしょう。たとえば、スカイダイビングがしたいと思っても、なかなかできない。英会話学校に行きたいが、なかなか一歩が踏み出せない。

　これは、**自己効力感**（self-efficacy）が十分でない状態であるといえます。**バンデューラ**（Bandura, 1977）によると、人間は、ある行動がどのような結果を導くかに関する予期（結果予期）だけでなく、ある行動が自分にどのくらいできそうかという予期（効力予期）をおこなって、行動を起こすと考えました（図4-3）。自己効力感とは、ある行動が自分にどのくらいできそうかという予期を認知すること、つまり効力予期の認知です。

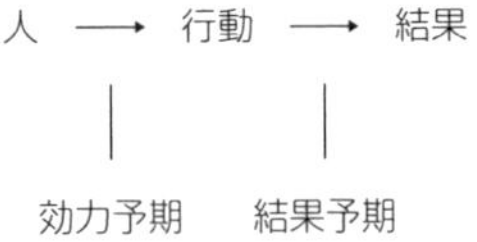

人　──→　行動　──→　結果
　　　　　　｜　　　　　　｜
　　　効力予期　　結果予期

図4-3　効力予期と結果予期

　自己効力感は、マグニチュード（大きさ）、強さ、一般性という３つの次元でとらえ、考えることができます。たとえば、やや無気力な状態になっているある大学生の「大学に行く」という行動を考えてみます（表4-4）。一口に「大学に行く」行動といってもいろいろなレベルがあります。この学生にとって「昼から生協の店舗に行く」が一番やさしい行動であり、「1時間目から厳しいC先生のドイツ語の授業に出席する」が一番困難な行動となっています。このように、行動するのがやさしいものから、困難なものまで順に並べたときに、どこまでできそうかを判断する場合、その度合いを「マグニチュード（大きさ）」といいます（例ではマグニチュード1から6まで設定）。また、それぞれのマグニチュードをもった各行動について、どれくらいできそうか判断する場合、その度合いを「強さ」といいま

す。表 4-4 でいうと、たとえばマグニチュード 6 の行動は「10」（できる予測が 10%）の強さしかもっていません。

　また、「大学に行く」という行動への自己効力感が高まったり低まったりすると、それが「アルバイトをする」「ボランティアをする」などという他の領域の行動の自己効力感にも影響を与えることがあります。このような、他の行動への般化の度合いを「一般性」といいます。なお、さらに多くの領域にあてはまる、いわばパーソナリティとしての自己効力感を、一般性自己効力感として扱うことがあります。

　では、自己効力感は何によって高まったり低まったりするのでしょうか。バンデューラ（Bandura, 1977）は自己効力感の情報源として、遂行行動の達成（実際にやってみること）、モデリング（他者の行動を観察すること）、言語的説得（言語的に説得を受けること）、生理的喚起（自分がリラックスしているかどうかを感じること）をあげています。

　とくに、「遂行行動の達成」は重要ですが、それにはステップが必要であり、また見通しをもてる目標の設定が大事になります。**バンデューラとシャンク**（Schunk, D. H.）は、算数の苦手な小学生に対し、42 ページの問題集を、7 回のセッションを設定して勉強させるという実験をおこないました（Bandura, A., & Schunk, D. H., 1981）。そのさいに、「1 セッションにつき 6 ページ解く」という目標を立てて勉強したグループが、「7 セッションで 42 ページ解く」という目標を立てて勉強したグループや、目標を立てなかったグループに比べて、自己効力感、学業成績が高まり、さらに内発的動機づけも高まりました。長期的で漠

表 4-4　ある大学生の「大学に行く」行動の自己効力感の構造

マグニチュード		強さ（％）
1	昼から生協の店舗に行く。	90
2	昼からサークル棟に行く。	80
3	3時間目から優しいA先生の教育学の授業に出席する。	60
4	2時間目から自分の得意な心理学の授業に出席する。	40
5	1時間目からやや優しいB先生の英語の授業に出席する。	30
6	1時間目から厳しいC先生のドイツ語の授業に出席する。	10

然とした目標ではなく、小さい目標を立てることの有効性が示されたといえます。

❺　自己調整学習

　学業場面を考えてみると、面白いから、楽しいからといった純粋な内発的動機づけだけで学業にとりくむ、という状況は理想的です。しかし、現実的には、先に述べたような、同一化的調整の状態によって、自ら学業にとりくむということも多いと考えられます。学業に関して価値をみいだすとともに、自己効力感をもち、自らすすんで学業にとりくむ状態を持続するためには、何が重要になってくるでしょうか。このような自らすすんで学業にとりくんでいる状態に関して、**自己調整学習**という概念で研究がすすめられています。

　伊藤（2010）は、自己調整学習を「学習者がメタ認知、動機づけ、行動において自分自身の学習過程に能動的に関与していること」と定義しています。そして自己調整学習の考えでは、学習活動を、Plan（計画）、Do（実行）、See（評価）のサイクルとしてとらえています（図4-4）。

　まず、「計画」の段階では、目標設定のしかたや自己効力感が重要になって

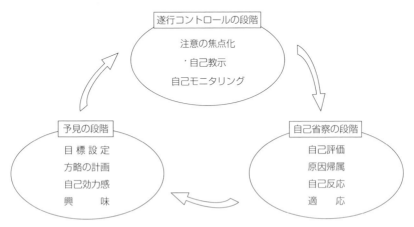

図4-4　自己調整学習における3段階の過程（Schunk & Zimmerman, 1998; 伊藤, 2010）

きます。たとえば、遠すぎる目標をたてて自己効力感を低めることになると、その後の行動が維持しにくくなります。

「実行」の段階では、たんに学習活動を実行するのではなく、**メタ認知**が重要となってきます。メタ認知とは、認知についての認知のことであり、「**メタ認知的知識**」と「**メタ認知的活動**」に分類されます（三宮, 2008）。前者は、認知的特性や課題・方略に関する知識のことであり（たとえば「自分はここでつまずきやすいな」という知識など）、後者は認知的特性について気づいたり、コントロールしたりするような活動のことです。詳しくは第5章を参照してください。

「評価」の段階では、評価の方法の適切性や、結果の原因帰属が重要となってきます。先にみたように、原因帰属とは、成功や失敗の原因を何に帰属するかということです。たとえば、テストの点数が悪かったときに、努力が足りなかったからだと考える人は、次もがんばろうと思い、学業に打ち込む傾向にありますが、能力不足のせいにする人は、どうせできないと落ちこんでしまい、がんばろうと思えなくなります。テストの点数がよかったときについては、自分の努力や能力に原因を帰属すると、今後もがんばろうと継続して学業に打ち込むことになるでしょう。

このように、自律した学習者になるためには、「計画」「実行」「評価」のそれぞれの段階で、適切に自己を調整して、学業活動を維持させていくことが重要となってきます。

❻　学習性無力感

これまで動機づけに関してさまざまな理論をみてきましたが、次に、無気力に焦点をあてた研究をみていきましょう。**セリグマン**（Seligman, M. E. P.）は、イヌに電気ショックを与え続け、それから逃れられないような状態にしておくと、後に逃れることができるような場面になっても、電気ショックから逃れようとしなくなるという現象を発見し、これを**学習性無力感**（learned helplessness）とよびました（Seligman, 1975）。人間も、努力に環境が応えてくれない環

境（随伴性がない環境）にある場合、たとえば、テストに難しい問題ばかりでて、いくらがんばってもいい点数がとれない場合、「どうせ自分にはできない」と、学習性無力感に陥ってしまうことがあります。

　ただし、人間はイヌと比べると、環境と自己の関係に関して複雑な認知をおこなっていると考えられます。同じ場面に遭遇しても、無力感に陥る人とそうでない人がいます。セリグマンらは、人間がおこなう原因帰属を取り入れた**改訂学習性無力感理論**を構築しています。**アブラムソン**（Abramson, L. Y.）らは、どうすることもできなかったいやな経験の原因として考えられたものを、内在性（自分の内部にあるものか外部にあるものか）・安定性（安定したものか不安定なものか）・一般性（一般的なものか特殊なものか）という3つの次元で分類し、内在的・安定的・一般的な原因に帰属すると、無力感が発生しやすいとしています（Abramson, Seligman & Teasdale, 1978; 桜井，1995）。

　たとえば、がんばって勉強したのに、数学のテストの点数がよくなかったという経験をしたさいに、ある子どもが「自分の能力全般が低かったせいだ」と考えたとします。「能力全般」は自分の内部にあるものであり、したがって自尊心は低下します。また、それは、安定したものであるので「これからも変わることがないな」と思うでしょう。さらに、数学の能力だけではなく、「能力全般」がないと考えているので、一般化につながり、「英語も国語も理科も、能力がないんだ」と思ってしまい、学業全般に無力感をもってしまいます。「能力全般」ではなく、「テスト前の努力」や「勉強のやりかた」という原因に帰属すると、また様子が異なってくるでしょう。

（神藤　貴昭）

課　題　

① 子どもの知的好奇心をくすぐる授業の導入について考えなさい（教育内容は各自で自由に設定してください）。

② あなたの経験で、外発的動機づけから内発的動機づけに変化したことについて述べなさい。

③ あなたが苦手な行動を１つ想定し、表4-4のような自己効力感の構造を書きなさい。

【文　　献】

Abramson, L. Y., Seligman, M. E. P. & Teasdale, J.　1978　Learned helplessness in humans: Critique and reformulation. *Abnormal Psychology*, **87**, 49-74.

Bandura, A. 1977　Self-efficacy: Toward a unifying theory of behavior change. *Psychological Review*, **84**, 191-215.

Bandura, A., & Schunk, D. H. 1981. Cultivating competence, self-efficacy, and intrinsic interest through proximal self-motivation. *Journal of Personality and Social Psychology* **41**, 586-598.

Deci, E. L.　1971　Effects of externally mediated rewards on intrinsic motivation. *Journal of Personality and Social Psychology*, **18**, 105-115.

伊藤崇達（編著）　2010　やる気を育む心理学（改訂版）．　北樹出版．

鹿毛雅治　1993　到達度評価が児童の内発的動機づけに及ぼす効果　教育心理学研究，**41**, 367-377.

Lepper, M. R.; Greene, D.; Nisbett, R. E.　1973　Undermining children's intrinsic interest with extrinsic reward: A test of the 'overjustification' hypothesis. *Journal of Personality and Social Psychology*, **28**(1), 129-137.

奈須正裕　1990　学業達成場面における原因帰属、感情、学習行動の関係　教育心理学研究，**38**, 17-25.

奈須正裕　1995　達成動機づけ理論　宮本美沙子・奈須正裕（編）達成動機の理論と展開：続・達成動機の心理学　41-71.

Ryan, R. M. & Deci, E. L. 2002 Overview of self-determination theory: An organismic dialectical perspective. In Deci, E. L. & Ryan, R. M. (Eds.), *Handbook of self-determination research* (pp. 3-33). Rochester, NY: University of Rochester Press.

桜井茂男　1995　「無気力」の教育社会心理学―無気力が発生するメカニズムを探る．　風間書房．

Schunk, D. H., & Zimmerman, B. J. (Eds.) 1998 *Self-regulated learning: From teaching to self-reflective practice*. NewYork: The Guilford Press.

Seligman, M. E. P.　1975　*Helplessness: On depression, development and death*. San Francisco: W. H. Freeman　平井久・木村駿一（監訳）1985　うつ病の行動学．　誠信書房．

三宮真智子　2008　メタ認知研究の背景と意義　三宮真智子（編著）メタ認知　学習力を支える高次認知機能. 北大路書房　1-16.

Weiner, B.　1979　A theory of motivation for some classroom experiences. *Journal of Educational Psychology,* **71**(1), 3–25.

White, R. W.　1959　Motivation reconsidered: The concept of competence. *Psychological Review,* **66**(5), 297–333.

■コラム2■　仮想的有能感

　一般的に、有能感をもって物事にとりくむことは大事ですが、有能感には、ある程度客観的な根拠が必要です。たとえば、「野球に精いっぱい打ち込んで、それなりの成績を残しており、野球をはじめとするスポーツは得意」とか、「歴史のこの分野は負けないし、実際その分野のクイズの類はほぼ全問正解だ」とか、「人とコミュニケーションをとるのが得意で、実際に一緒にいると楽しいと友人に言われる」とか、なんらかの根拠にもとづいた有能感をもっているならば問題ないといえます。

　しかしながら、なんら根拠もなく、他人を見下すことによって、自分を有能であると感じている場合、それは仮想的有能感とよばれる状態にあると考えられます。つまり「あいつよりましだ、オレは偉い」というような状態です。

　以下に仮想的有能感尺度の項目を掲載します。

　(1) 自分の周りには気のきかない人が多い

　(2) 他の人の仕事を見ていると、手際が悪いと感じる

　(3) 話し合いの場で、無意味な発言をする人が多い

　(4) 知識や教養がないのに偉そうにしている人が多い

　(5) 他の人に対して、なぜこんな簡単なことがわからないのだろうと感じる

　(6) 自分の代わりに大切な役目をまかせられるような有能な人は、私の周りに少ない

　(7) 他の人を見ていて「ダメな人だ」と思うことが多い

　(8) 私の意見が聞き入れてもらえなかった時、相手の理解力が足りないと感じる

　(9) 今の日本を動かしている人の多くは、たいした人間ではない

　(10) 世の中には、努力しなくても偉くなる人が少なくない

　(11) 世の中には、常識のない人が多すぎる

（速水，2006）

いかがでしょうか。自分にあてはまる項目が多いと、仮想的有能感が高い状態にあるかもしれません。

（神藤　貴昭）

【文　　献】

速水敏彦 2006 他人を見下す若者たち. 講談社.

コラム3　セルフハンディキャッピング

　中学生や高校生の時代、テストで悪い点数をとってしまったとき、「体調が悪かったからな」「前の夜は遅くまで起きてしまって、テスト中は眠かったからだ」さらには、「この教科はほとんど勉強しなかったからな」などという理由づけをしてしまったことはないでしょうか。あるいは、誰も聞いていないのに、「あー、昨日徹夜してしまった、寝てないねん！」「全然勉強してないわ〜」と言いながらテストを受けるという人が、まわりにいなかったでしょうか。

　われわれは、自尊心をもっています。テストの点数が悪かったとき、何かのせいにできると、自尊心が傷つかなくてすみます。本気で努力をしたけど失敗する、という事態は、自身の能力の低さを証明することになり、自尊心がずたずたになってしまう、恐ろしい事態なのです。

　テストに自信がない場合、テストの失敗という予想できる事態においても自尊心が傷つかないようにするには、どうするか。あえてあらかじめハンディキャップをつけるという手があります。つまり、「徹夜をして寝不足になる」「あえて勉強しないでおく」などのハンディキャップをつけておくことです。このような行為をセルフハンディキャッピングといいます。これなら、失敗した場合の原因を「寝不足」や「勉強していない」ことに帰属でき、自尊心は傷つきません。万が一、いい点数をとった場合は「寝不足なのにこんなにできた」「勉強していないのにこんないい点数をとることができた」と、自身のかしこさを認識できるのです。

　「努力して失敗する」ことが怖いからあらかじめ勉強しないでおく、という児童生徒がいるかもしれません。そのような児童生徒には、失敗を恐れる必要はないことをわかってもらうだけではなく、「努力して失敗」＝能力のなさではなく、「努力して失敗」＝勉強法の不適切さなどというように、帰属を変えるように導かねばならないでしょう。

（神藤　貴昭）

5 知能・記憶・メタ認知

はじめに

　難しい問題が起こり、それへの対処法をみんなで考えているとき、素早く対処法を提案する人がいます。また、複雑な計算を素早く正確にできる人がいます。あるいは、記憶力が優れている人がいます。そういう人は、まわりから知能が高い人だ、とみなされるでしょう。では、知能にはどのような要素が含まれるのか、思いつくままあげてみましょう（例：計算する力、文字を読む力……）。

　知能とは一般に、環境に適切に対応できる能力であるといえます。ふだんの生活を考えると、地図をみながら時間通りにはじめての場所に行く、買い物のさいに品物の合計金額を計算する、英単語を効率的に覚えるなど、さまざまな場面で、適切に合理的に対処する能力が求められます。これらのもとになるのが知能であると考えられます。

　しかしながら、「環境」は文化や時代によって変わります。上のように考えるとしても、知能とは何かということは、文化や時代によって変容すると考えられます。たとえば江戸時代の庶民に必要とされた知能は、現代の知能とは異なるかもしれません。さらには、「環境」のうち、何を重視するかによっても知能の定義はさまざまになるでしょう。人とかかわる力を重視した知能観もあってよいかもしれません。

　このように考えると、知能とはこうだ、と定義するのは難しくなります。そこで、「知能検査によって測定されたものが知能である」という知能の定義も存在します。後述しますが、知能検査は知能を測定する道具として開発されてきました。この定義（操作的定義）は、一見奇妙に思えますが、各種の知能検査の背後にある知能観を考慮した定義であるといえるでしょう。

　さて、教職という立場からみると、知能や知能検査というものが問題になる場面はどういう場面でしょうか。知能が高いとか低いとかで、子どもを分類するのは、教育の目的ではありません。しかし、知能の発達に問題がみられ、それゆえに勉学や社会的活動に支障をきたす可能性がある子どもがいた場合、なんらかの特別な支援が必要になってきます。知能に関して研究する目的、あるいは知能検査を使用する

目的は、そのような子どもを早期に発見し、適切な教育プログラムを提供することであるといえます。本章では、知能の問題を中心にして、さらに広く、認知に関して考えてみましょう。

■ ■ ■ ■ ■ ■

❶ 知能をどのようにとらえるか

　知能はどのような構造をもっているのでしょうか。**スピアマン**（Spearman, C. E.）は、知能は、基礎になる「一般因子」（g）と、特殊な場面において必要となる「特殊因子」（s）から成るとしました。これは、**2因子説**といわれます。つまり、いろいろな場面で共通して影響を及ぼす知能と、それでは説明がつかない、場面特殊的な知能に分類したのです。

　これに対して、**サーストン**（Thurstone, L. L.）は、**多因子説**とよばれる考えかたを示しました。つまり、知能は、「空間」「知覚」「数」「言語理解」「語の流暢さ」「記憶」「帰納（推理）」という7つの因子から成るとしたのです。それぞれの簡単な内容は以下のとおりです。

　　空間：平面図形、立体図形を視覚で知覚する能力

　　知覚：知覚的判断の速さに関係する能力

　　数：単純な数を巧みに操作する能力

　　言語理解：言語的概念を取り扱う能力

　　語の流暢さ：ある文字、たとえば l で始まる単語をできるだけ速く書く能
　　　　　　　　力

　　記憶：一定の材料を速く記憶する能力

　　帰納（推理）：与えられた材料から一般的規則、原理をみつけだす能力

　　　　　　　　　　　　　　　　　　　　　　　　（辰野，1995 を一部改めた）

　また、ガードナー（Gardner, H.）は、言語的スキルと数学的スキルにもとづいて多くの知能テストが作成されていることを問題視し、知力を多元的にみる必要性を説き、7つの異なった知能が存在するとしました。すなわち、音楽的

知能、身体・運動的知能、論理数学的知能、言語的知能、空間的知能、人間関係的知能、内省的知能です（Gardner, 1993）。これを**多元的知能理論**といいます。ガードナーはその知能観を「知力を多元的に見るもので、認知を多くの異なる個別の結晶面として見て、人間はそれぞれ認知的な長所をもち、長短のコントラストがあるとするものである」と述べています（Gardner, 1993）。

❷ 知 能 検 査

　では、知能はどのように測定されるのでしょうか。先に書いたように、知能を研究することの大きな意義は、知能に問題のある子どもを早期に発見し、適切な教育プログラムを提供することへの貢献にあります。知能測定の歴史もそのような要請から始まりました。

　フランスの**ビネー**（Binet, A.）と**シモン**（Simon, Th.）は 1905 年に、特別な教育を必要とする子どもを発見するための道具を考案しました。それは、さまざまな問題を、やさしいものから難しいものまで順番に並べて、子どもがどのあたりまで適切に解答・解決できるかを指標として、その子どもの知能を測定するものでした。これが知能検査の始まりであるとされます。

　知能検査には、個別式検査と集団式検査があります。個別式検査は、検査者と被検査者が 1 対 1 の対面でおこなうものです。したがって、検査者と被検査者の間で緊張関係が強すぎたり、逆に甘える気持ちが強すぎたりすれば、ふだんの力を発揮できなくなります。他方、集団式検査は、集団で検査を実施するものであり、適切な教示と、被検査者の意欲の維持が求められます。

　以下、個別式検査と集団式検査のうち、わが国で比較的使用されるものについて例をあげます。

1. 個別式検査

　個別式検査としては、ビネー系知能検査とウェクスラー系知能検査があげられます。

(1) ビネー系知能検査

前述の**ビネー**が考案した知能検査では、さまざまな問題を、やさしいものから難しいものまで順番に並べて、どのあたりまで適切に解答・解決できるかを指標としていますが、その後、この知能検査が各国に広まり、改良が加えられています。アメリカのターマン（Terman, L. M.）は、スタンフォード・ビネー法を開発し、ドイツのシュテルン（Stern, W.）の提案にしたがって知能指数（IQ）を採用し、普及させました（中村・大川，2003）。

わが国では、ビネーの考案した知能検査を田中寛一が改良して、「田中ビネー知能検査」が開発され、使用されています。版が重ねられ、現在は、「田中ビネー知能検査Ⅴ」（2005年）が使用されています。田中ビネー知能検査Ⅴでは、1歳級、2歳級……13歳級、成人級と各年齢段階に対応した問題が用意され、総合的な知能指数（IQ）が算出されます。

(2) ウェクスラー系知能検査

よく用いられる個別式知能検査には、ビネー系知能検査のほかに、ウェクスラー系知能検査があります。1939年に**ウェクスラー**（Wechsler, D.）が開発した知能検査をもとにして、版が重ねられており、わが国でも用いられています。

表5-1　WISC-Ⅳの指標得点の意味

指標得点名（略記号）	意　　味
言　語　理　解 （VCI）	①言語概念形成（結晶性能力の一部） ②言語による推理力・思考力（流動性能力） ③言語による習得知識（結晶性能力の一部）
知　覚　推　理 （PRI）	①非言語による推理力・思考力（流動性能力） ②空間認知 ③視覚―運動協応
ワーキングメモリー （WMI）	①聴覚的ワーキングメモリー（作業中の一時的記憶保持） ②注意、集中
処　理　速　度 （PSI）	①視覚刺激を速く正確に処理する力（処理速度、プランニング） ②注意、動機づけ ③視覚的短期記憶 ④筆記技能、視覚―運動協応

（上野，2011が、『WISC-Ⅳ理論・解釈マニュアル』をもとに作成したもの）

ウェクスラー系知能検査の特徴は、言語性知能（VIQ）と、動作性知能（PIQ）にわけられて知能指数（IQ）が算出される点があげられます。また、幼児用検査（WPPSI）、児童用検査（WISC-Ⅳ）、成人用検査（WAIS-Ⅲ）にわけられている点が特徴です。なお、2010年に日本版が作成されたWISC-Ⅳについては、それまでのWISC-Ⅲが言語性知能と動作性知能にわけて知能指数を算出していたのに対して、全検査IQ（FSIQ）、言語理解指標（VCI）、知覚推理指標（PRI）、ワーキングメモリー指標（WMI）、処理速度指標（PSI）が算出されます（表5-1）。

2. 集団式検査

わが国で利用される集団式検査の例として、京都大学で開発された、京大NXがあります。たとえば、「京大NX8-12検査」（小学4・5・6年用）など、学年や校種によって異なる冊子が用意されています。全体的な知能指数と、数的因子・空間的因子・言語的因子にわかれたプロフィールが算出されます。

集団式検査は、個別式検査と違って、短時間で大人数を対象に利用できるという利点があります。ただし、被検査者が十分な動機づけをもって検査にとりくむことができているか、把握が難しい面もあります。

❸ 知 能 指 数

知能検査では一般的に、**知能指数**（IQ：Intelligence Quotient）を算出し、知能の指標とします。知能指数は以下のように算出されます。

知能指数（IQ）＝（精神年齢（MA）／生活年齢（CA））×100

ここで、精神年齢（MA）とは、知能検査で測定された年齢です。また、生活年齢とは実際の生物学的年齢のことです。たとえば、生活年齢5歳（60か月）の子どもが、6歳（72か月）の精神年齢を示せば、知能指数は、（72÷60）×100＝120となります。ちょうど年齢相応の知能を示せば、知能指数が100になることがわかるでしょう。

なお、ウェクスラー系の知能検査では、算出された知能指数を変換した、偏

差知能指数（平均100、標準偏差15になるように変換）を用いる場合もあります。また、田中ビネー知能検査Vでは、生活年齢14歳未満には知能指数、14歳以上には偏差知能指数（平均100、標準偏差16になるように変換）を用います。

　知能指数のみがひとり歩きすると、ある子どもを「知能の低い子ども」とか「知能の高い子ども」として固定的にとらえてしまうことになります。第8章でとりあげる「ピグマリオン効果」のようなことも起こりえます。しかし、先にのべたように、知能検査を使用する目的は、勉学や社会的活動が困難になる可能性がある子どもを早期に発見し、適切な教育プログラムを提供することにあります。このことを常に念頭に置く必要があります。

❹ 記　　憶

　これまで、知能についてのべてきました。次に、そのなかでも、とくに「記憶」について考えてみましょう。

　みなさんのなかには、自分は記憶力がないと感じたり、あるいは、あの人は記憶力が優れているなと思ったりすることがあるでしょう。しかしながら、記憶にはプロセスがあり、一口に記憶力といっても、どの部分を指しているか明確にしなければなりません。

　記憶には、**記銘**（覚える）、**保持**（覚えている）、**再生**（思い出す）というプロセスがあります。記銘できても、保持がなければ、再生することができません。保持しようとしても、記銘時に工夫ができていなければ、どうすることもできなくなるのです。

　われわれがなんらかの情報がある環境（たとえば授業中でも電車のなかでも）にいるさいには、いろいろな情報を知覚しますが、それらは一瞬で忘れてしまいます。このような一瞬の記憶を**感覚記憶**といいます。そのなかで、数十秒ほどは記憶されるものがあります。このような記憶を**短期記憶**といいます。さらに、長時間にわたって記憶する場合、そのような記憶を**長期記憶**といいます。**アトキンソン**（Atkinson, R. C.）と**シフリン**（Shiffrin, R. M.）は**二重貯蔵モデル**を提唱し、

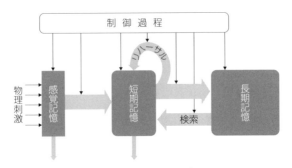

図 5-1　記憶系における情報処理モデル（山口，2001）

このモデルの中には、3つの構造的要素（感覚記憶、短期記憶、長期記憶）
と制御過程が含まれている。まず、外部からの情報は最初に感覚記憶に
入力される。ここで処理された一部の情報が短期記憶に送られてくる。
短期貯蔵庫でリハーサルや符号化を受けた情報が長期記憶へ転送される。

説明しています（図5-1）。つまり短期記憶の貯蔵庫と長期記憶の貯蔵庫を想定
したモデルです。

　人間の短期記憶として残るものは、7±2チャンクのものであるとされます。
ミラー（Miller, G. A.）は、これを「マジカルナンバー7」とよびました。**チャン
ク**というのは意味のまとまりであり、たとえばランダムなアルファベットと数
字を並べた「I7UT9SG」は7チャンクとなります。また、「JR119NTTNHKO-
ECD110ANA」は、これより長いですが、それぞれ企業・組織名や緊急電話番
号という意味のまとまりで記憶すれば、同じく7チャンクとなります。

　では、短期記憶をさらに長期記憶とするべく、記銘あるいは保持するための
ストラテジーとして、どういうものが考えられるでしょうか。以下に列挙して
みます。

　・**リハーサル**：くりかえすという方法です。たとえば、くりかえしつぶやく、
あるいは、くりかえし書くなどがこれにあたります。

　・**体制化**：なんらかのまとまりを考え、構造化して記憶する方法です。たと
えば、「ミカン、ヒマワリ、チューリップ、パトカー、デンシャ、タンポポ、
リンゴ、ショウボウシャ、ブドウ」を記憶するさい、果物・花・乗り物に分類
して記憶すると覚えやすくなります。

・**精緻化**：別の情報を加えて記憶する方法です。たとえば、語呂合わせで年号を覚えるというやりかたです。また、自分に関係することとあわせて記憶することも有効です（英文法を覚えるさいに、自分の身のまわりの人がでてくる例文を用いて覚えるなど）。さらに、**エピソード記憶**、つまりエピソードのなかで覚えることは記憶するさいに有効となります（英文法を覚える場合、友人数人に英文法を教えるという場面をつくると、「この部分を教えるときに苦労したな」とか「この部分についてA君を指名して当てたとき、彼は面白い反応をしたな」というエピソードのなかで記憶できるなど）。

以上のように、効率的にかつ確実に、長期記憶とするべく記銘あるいは保持するためには、なんらかの工夫が必要になります。

ところで、われわれが何らかの活動をするさい、さまざまな情報を同時並行で一時的に記憶し処理する必要に迫られる場合が多いといえます。たとえば、地理の授業を考えてみてください。先生の指示や説明を聞きながら、教科書や地図を参照しつつ、黒板を見て、ノートの上で鉛筆を動かし、そのようななかで新しく出てきた地名等を覚えなければなりません。地理の授業に参加するためには、先生の指示や説明の内容、教科書や地図の記述、黒板に書かれた内容、ノートに書くべき内容、地名等……われわれは、同時並行でいろいろな「一時的な記憶」をする必要があります。このようなさいに、**ワーキングメモリ**（作業記憶）が重要な働きをします。

ワーキングメモリとは「さまざまな課題の遂行中に一時的に必要となる記憶——特に、そうした記憶の働き（機能）や仕組み（メカニズム）、そしてそれらを支えている構造（システム）——を指す」（齊藤・三宅, 2014）と定義されます。さまざまに展開する視空間的情報や言語的・音韻的情報を短期間保持し、さらにそれらを統合した記憶をエピソードとして保持することによって、活動中に注意を適切にコントロールしていけると考えられます。バッデリー（Baddeley, A. D.）らは、長期記憶を参照しながら、ワーキングメモリが上述のように働いている構造を、図5-2のように示しました（Baddeley, Allen & Hitch, 2011）。

ワーキングメモリには容量があり、たとえば、授業中に教師が児童生徒に複

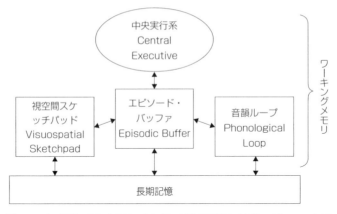

図5-2　バッデリーらによるワーキングメモリのモデル（齊藤・三宅. 2014より）

数の指示をするなどすると、混乱して活動が進めなくなります。また、容量には個人差があります。湯澤ら（2013）は、ワーキングメモリの容量の小さい児童は、全般に、「課題や教材についての教師の説明や、他児の発言を聞くことが容易でない」ことを示しています。また、そのうち普段は挙手をほとんどしない児童は、「発問の前に児童に考える時間を与えてから発問する」「発問をもう一度繰り返す」「いくつかの具体的な選択肢を教師が提示した上で発問する」といった場面では、挙手率があがるということを示しています。

❺　メ　タ　認　知

　これまで、知能に関して述べてきました。知的な行為を遂行するには、ただたんに課題にとりくむだけではなく、認知の特性に関する知識とそれにもとづいた活動が必要になってきます。なお、**認知**というのは、知覚・学習・記憶・思考・言語といった、知的な活動を指します。そして、**メタ認知**とは、認知についての認知のことであり、図5-3のように、「メタ認知的知識」と「メタ認知的活動」に分類されます（三宮. 2008）。さきほどあげた記憶のストラテジーも、

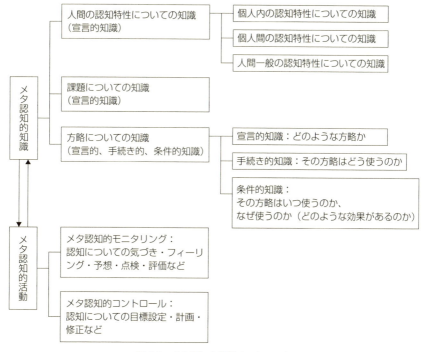

図 5-3　メタ認知の分類 (三宮，2008)

　それを知識として身につけたり、実践する場合、それは「メタ記憶」とよばれ、メタ認知の一種といえます。

　「**メタ認知的知識**」は人間一般や自分自身の認知的特性や課題・方略に関する知識のことです（図 5-3）。認知的特性に関する知識には、個人内の認知的特性に関する知識（「自分は空間図形の問題でつまずきやすいな」など）、個人間の認知的特性に関する知識（「私は A さんよりも計算問題が得意だが、A さんほど文章問題はできないな」など）、人間一般の認知的特性に関する知識（「身近な目標を設定すると学習が促進される」など）が含まれます。課題についての知識には、たとえば、「繰り上がりのある足し算はそうでないものより難しい」などがあげられます。方略に関する知識には、「繰り上がりのある足し算では、繰り上がる数字をメモ

しておいたほうがよい」などがあげられます。

「**メタ認知的活動**」は認知的活動をモニタリング（認知の状況に気づくこと）し、さらには、コントロール（認知に関して計画を立てたり修正したりすること）するような活動のことです（図5-3）。

メタ認知は、人間の知的な活動を助け、促進します。学校教育においても、メタ認知に関しての教育を導入する必要があるでしょう。

❻ 知能と創造性

知的な行為を遂行するには、これまで記憶してきた知識や、習得してきた技能を発揮するだけではなく、新たな考えや観点を生みだすことも大事になってきます。言い換えれば、「ひらめく」ことにより、問題解決が導かれることも多くあるのです。このようなことが可能な人は、**創造性**が高い人といえます。

ギルフォード（Guilford, J. P.）は、思考を**収束的思考**と**拡散的思考**にわけました。収束的思考は、1つの正答を導くための思考で、他方、拡散的思考は、正答が存在しないなかで、アイディアを自由な発想でたくさんだしてゆく思考です。拡散的思考は、創造性につながるものといえます。

たとえば、「新聞紙」の本来の目的は、記事を読むことですが、それ以外の用途を考えてみましょう。包装紙にする、帽子にする、うちわ代わりにする……ほかにもいろいろあるでしょう。また、数学の図形問題では、ある箇所に補助線を引くことをひらめくと、容易に問題解決ができるものもあります。

創造性は、企業や行政における、限られた予算のなかでのアイディア創出、さらには、国家・地球レベルでのエネルギー問題、国際問題など大きな問題を解決するもとになると考えられます。創造性は、遊びのなかで、多く培われると思われますが、学校教育においても、拡散的思考をする場を設けて、児童生徒の創造性を養う必要があるでしょう。

（神藤　貴昭）

課　題

① あなたがこれまでおこなってきた、記憶の工夫について、例をあげて書きなさい。
② 「創造性を測定する問題」を考えなさい。

【文　　献】

Baddeley, A. D., Allen, R.J. & Hitch, G. J　2011　Binding in visual working memory: The role of the episodic buffer. *Neuropsychologia*, **49**, 1393-1400.

Gardner, H.　1993　*Multiple intelligences: The theory in practice*. New York: Basic Books. 黒上晴夫（監訳）2003　多次元的知能の世界：MI 理論の活用と可能性.　日本文教出版社.

中村淳子・大川一郎　2003　田中ビネー知能検査開発の歴史　立命館人間科学研究, 6, 93-111.

辰野千壽　1995　新しい知能観に立った知能検査基本ハンドブック　図書文化.

齊藤智・三宅晶　2014　ワーキングメモリ理論とその教育的応用　湯澤正通・湯澤美紀（編著）ワーキングメモリと教育.　北大路書房　3-25.

三宮真智子　2008　メタ認知研究の背景と意義　三宮真智子（編著）メタ認知　学習力を支える高次認知機能.　北大路書房　1-16.

上野一彦　2011　日本版 WISC-Ⅳ の改訂経緯と特徴　日本版 WISC-Ⅳ テクニカルレポート　1-3.

山口快生　2001　記憶と忘却　山内光哉・春木豊（編）　グラフィック学習心理学：行動と認知.　サイエンス社.

湯澤正通・渡辺大介・水口啓吾・森田愛子・湯澤美紀　2013　クラスでワーキングメモリの相対的に小さい児童の授業態度と学習支援　発達心理学研究　**24**(3)　380-390.

6 教授学習過程

はじめに

　大きな話になりますが、われわれは一人ひとり有限の生命をもっているにもかかわらず、人類がつくりあげてきた高度な文化が世代を超えて継承されて、さらに進化し続けているということは驚くべきことではないでしょうか。その背後には、人類において、教える－学ぶという関係が、いろいろな形で連綿と続いてきたと考えられます。親と子ども、上司と部下、師匠と弟子、著者と読者、そして教師と児童生徒。言うまでもありませんが、学校は、文化の伝達の中心的な役割を果たしています。なかでも「授業」は、文化伝達の最前線の現場であるといえるでしょう。

　ところで、あなたが小学生のころから現在まで出席した授業のなかで、印象に残ったものはどのような授業でしたか？　先生が面白い教材を用意してくれた、生徒同士がディスカッションして盛り上がった、先生の説明によってわからなかったことが目からウロコが落ちるようにわかるようになった、先生のユーモアが理解を助けた……　印象に残った理由は、さまざまでしょう。印象に残った授業を、いろいろな観点から、分析してみてください。また、そのような授業を考え実践した先生の思いを考えてみましょう。

　本章では、教える－学ぶという過程（教授学習過程）について、とくに「授業」を中心にして考えてみましょう。

❶　授業の形態

　各段階の学校でおこなわれる授業の形態は、大きく分類すると、一斉指導、グループ学習、個別指導があります。以下、それぞれの特徴をみていきましょう。

1. 一斉指導

一斉指導は、日本の小学校・中学校・高等学校で多くみられる授業形態です。1名の教師が数十名の児童生徒の前に立ち、授業をおこなうという形態です。チーム・ティーチングとして、2名の教師が教壇に立つこともあります。一斉に教育内容を伝えるさいの道具として、黒板やホワイトボードが使われる場合が多いですが（いわゆるトーク＆チョーク）、スライドや映像教材も用いられることがあります。

一斉指導は、大勢の児童生徒に同質・同量の内容を同時に伝えることができるので、誰もが身につけるべき知識を習得させるには、合理的です。しかし、授業中の個々の児童生徒の様子がつかみにくかったり、個々の児童生徒の実情に合わせた教育がなされにくかったりするという問題点があります。そこで、一方的に話し続けるのではなく、児童生徒の反応を随時確認する必要があります。また、一斉授業のなかでも、机間指導の機会をつくるなど、なんらかの形で児童生徒の理解状況を知り、個々の学習を促す工夫をすることが必要となります。

一斉指導におけるコミュニケーションでは、**IRE 構造**（Mehan, 1979）とよばれる構造がみられることが多いです。ここで、I は教師の主導（initiation）、R は子どもの応答（reply）、E は教師からの評価（evaluation）をそれぞれ表します。つまり、教師「今何時ですか」→生徒「9時です」→教師「よろしい」というような、I-R-E が続くコミュニケーションになりやすいということです。

学級には、授業におけるグラウンドルールが存在します。グラウンドルールとは「相互の主張や発話内容、発話の意図を正確に理解するために、厳密な言語学的知識に加えて、会話の参加者が保持している事が必要となる、ひと揃いの暗黙の理解」（松尾・丸野, 2007；Edwards & Mercer, 1987）と定義できます。松尾（2010）は、グラウンドルールを学ぶ過程には、明示的過程と潜在的過程が存在しているとしています。たとえば、教師が「自分と意見が違う人の話をきくことは大事ですね」と説明して、明示的にグラウンドルールを示す過程があります。また、授業で班ごとに意見を考え発表し合うさいに、他の班が行った発表内容をまとめ、ワークシートに記入するという活動をすることによって、

異質な意見も大事にすべきということを自然に学ぶという潜在的な過程もある
でしょう。いくら明示的過程で、教師が「自分と意見が違う人の話をきくこと
は大事ですね」と説明しても、潜在的過程で他者の意見をきくことが軽視され
ているならば、「自分と意見が違う人の話をきくことは大事」というグラウン
ドルールは身につけられにくいと考えられます。

2. グループ学習

グループ学習（小集団学習）は、数名のグループにわかれて、議論や作業をす
る授業形態です。一斉授業と異なり、児童生徒が発言しやすい状況をつくるこ
とができます。また、それゆえに授業に積極的に参加することにつながります。
しかし、教師からの指示が行き届かないと、グループ内での議論や作業が、授
業の目的からはずれたものになる可能性があります。また、特定の児童生徒の
みが発言や作業をし、一部の子どもは授業とは関係のないおしゃべりをしてい
るという状態になることもあり、注意が必要です。

　グループ学習のなかでも、特色ある方法がいくつかありますが、ここでは、
アロンソン（Aronson, E.）によって開発された、**ジグソー学習法**をとりあげます。
児童生徒は、ふだんは「原グループ」に所属していますが、カウンター・セッ
ションの際には「カウンターパート・グループ」とよばれる別のグループを構
成し、そこで議論します。その後、原グループに戻って報告・議論をするとい
うものです。たとえば、「琵琶湖の環境問題」に関して調べ、全体像を把握し、
なんらかの提案を考えたい場合、原グループ（各グループに5名いるとする）のそ
れぞれの児童生徒は、「水質問題班」「護岸整備問題班」「外来魚問題班」「行政
の取り組み班」「住民の取り組み班」というカウンターパート・グループにも
所属し、カウンター・セッションのさいには、そこで議論をおこないます。原
グループでは、各児童生徒は自分の「専門」をもつことになり、構成員全員が、
責任のある重要な存在となります。

　図6-1は小学校4年生国語「ごんぎつね」でのジグソー学習の例です。4年
生の2つの学級を3つにわけたうえで実施している大規模なものです。「主人

（課題別クラス）

課題別クラスA＜主人公（ごん）の視点コース＞3グループ

ＡⅠ①	ＡⅠ①	ＡⅠ②	ＡⅠ②	ＡⅠ③	ＡⅠ③
ＡⅡ①	ＡⅡ①	ＡⅡ②	ＡⅡ②	ＡⅡ③	ＡⅡ③
ＡⅢ①	ＡⅢ①	ＡⅢ②	ＡⅢ②	ＡⅢ③	ＡⅢ③

課題別クラスB＜作者（情景描写）の視点コース＞3グループ

ＢⅠ①	ＢⅠ①	ＢⅠ②	ＢⅠ②	ＢⅠ③	ＢⅠ③
ＢⅡ①	ＢⅡ①	ＢⅡ②	ＢⅡ②	ＢⅡ③	ＢⅡ③
ＢⅢ①	ＢⅢ①	ＢⅢ②	ＢⅢ②	ＢⅢ③	ＢⅢ③

課題別クラスC＜対立人物（兵十）の視点コース＞3グループ

ＣⅠ①	ＣⅠ①	ＣⅠ②	ＣⅠ②	ＣⅠ③	ＣⅠ③
ＣⅡ①	ＣⅡ①	ＣⅡ②	ＣⅡ②	ＣⅡ③	ＣⅡ③
ＣⅢ①	ＣⅢ①	ＣⅢ②	ＣⅢ②	ＣⅢ③	ＣⅢ③

（ジグソークラス）

ジグソークラスⅠ　3グループ

ＡⅠ①	ＡⅠ①	ＡⅠ②	ＡⅠ②	ＡⅠ③	ＡⅠ③
ＢⅠ①	ＢⅠ①	ＢⅠ②	ＢⅠ②	ＢⅠ③	ＢⅠ③
ＣⅠ①	ＣⅠ①	ＣⅠ②	ＣⅠ②	ＣⅠ③	ＣⅠ③

ジグソークラスⅡ　3グループ

ＡⅡ①	ＡⅡ①	ＡⅡ②	ＡⅡ②	ＡⅡ③	ＡⅡ③
ＢⅡ①	ＢⅡ①	ＢⅡ②	ＢⅡ②	ＢⅡ③	ＢⅡ③
ＣⅡ①	ＣⅡ①	ＣⅡ②	ＣⅡ②	ＣⅡ③	ＣⅡ③

ジグソークラスⅢ　3グループ

ＡⅢ①	ＡⅢ①	ＡⅢ②	ＡⅢ②	ＡⅢ③	ＡⅢ③
ＢⅢ①	ＢⅢ①	ＢⅢ②	ＢⅢ②	ＢⅢ③	ＢⅢ③
ＣⅢ①	ＣⅢ①	ＣⅢ②	ＣⅢ②	ＣⅢ③	ＣⅢ③

図6-1　小学校4年生国語「ごんぎつね」（難波・尾道市立因北小学校，2010）**におけるジグソー学習**

公（ごん）の視点コース」「作者（情景描写）の視点コース」「対立人物（兵十）の視点コース」それぞれのカウンターパート・グループ（この事例では「課題別クラス」のなかのグループ）で議論するとともに、原グループ（この事例では「ジグソークラス」のなかのグループ）で議論します。図のなかでたとえば「ＡⅠ①」とあるのは、「カウンターパート・グループでは、課題別クラスＡ（つまり「主人公（ご

ん）の視点コース」）に所属しており、原グループでは、ジグソークラスⅠに所属しており、各クラスにある3つの班のうち1つめの班に所属している児童」を表しています。

　グループ学習を取り入れた授業方法に、**板倉聖宣**によって開発された**仮説実験授業**があります。仮説実験授業は、「科学的認識は対象について予想や仮説をたてて、その真否を目的意識的に問いかける実験（や観察）を行うことによってはじめて成立する」（板倉，1974）という理念にもとづいた授業法です。仮説実験授業では「一種の授業案・教科書・ノート兼用の印刷物」である「授業書」（図6-2）が用いられ、グループで話しあった後、仮説を立て、実験や観察をおこないます。図6-2のように、授業書では、選択肢が示され、児童生徒に「どれが本当だろうか」という認知的葛藤が生じ、知的好奇心がかきたてられることになります。

　グループ学習において、児童生徒同士が知恵を出しあい、情報を共有し、学びあいを促進すると、協同学習となります。コンピュータ上で互いに情報を共有し、学びを深めていく試みもなされており、コンピュータを利用した協同学習は、**CSCL**（Computer Supported Collaborative Learning）とよばれます。

［問　題］
　こんどは、前につかったクリップや針に糸をつけます。
　図のようにしたら、クリップや針を宙ぶらりんにすることができるでしょうか。予想を立ててください。
＊予想　ア．宙ぶらりんにすることはできないだろう。
　　　　イ．少しの間だけ宙ぶらりんにできるだろう。
　　　　ウ．ずっと宙ぶらりんにできるだろう。
＊討論　みんなの考えをだしあってから実験しましょう。
＊実験　はじめに針を磁石にくっつけておいて、下から糸を少しずつ引き、磁石と針の間のきょりを適当な大きさにしてみよう。
＊実験の結果

あなたの予想はあたりましたか。

図6-2　仮説実験授業の授業書（一部）の例（板倉，1974を一部改めた）

3. 個別指導

個別指導は、その名のとおり、1対1の指導という形態をとるものです。一般的には、学校教育において日常的に個別指導をおこなうことは困難ですが、一斉授業における机間指導や、特定の児童生徒を対象にした補習などの形でおこなわれます。

スキナー (Skinner, B. F.) は、個々の状況にあわせた指導が、一斉指導では困難であるとして、オペラント条件づけ (第3章参照) の原理を応用し、「**プログラム学習**」を考案しました。プログラム学習では、ティーチング・マシーンとよばれる機械が用いられました。プログラム学習は、積極的反応の原理・即時確認の原理・スモールステップの原理・自己ペースの原理・学習者検証の原理によっておこなわれます。ティーチング・マシーンを用いたプログラム学習は1960年代に広まりましたが、その考えかたは、その後のコンピュータの発展にともない、コンピュータ上で個別学習をおこなう e-Learning につながっていると考えられます。

個別指導において、認知上のつまずきや動機づけ上の問題を、カウンセリングの形で解決していくという方法に、**認知カウンセリング**があります。市川 (1993) は、認知カウンセリングの目標として、クライエント (学習者) が自立すること、つまり、「学習することの意義、楽しさを知っていること」「何を学習するべきか、あるいは、する必要がないかを自分で判断できること」「自分の能力の向上、現在の理解状態に関心をもつこと」「わかっているところ、わからないところが、自分でわかること」「自分に適した学習の方略を知っている、あるいは、探索、検討すること」「わからないときには、どうすればよいか (他者に聞くことも含め) 知っていること」をあげています。認知カウンセリングでは、これらを目標として、たとえば数学の問題を解きながら、カウンセリングをおこないます。

❷ 授業の構造

　これまでみてきたように、授業にはさまざまな形態があります。しかし、さまざまな形態を取り入れるとしても、1回の授業（45分間ないし50分間が多いと思われる）の構造は、基本的には、導入─展開─終結（まとめ）という各部分から成ることが多いと思われます。

　導入部分では、当該授業で何を扱うかを予告したり、前回の内容を復習したりすることが多いです。また、後に続く授業内容に興味を引きつける工夫をする部分でもあります。宮原（1999）は「意外性・具体性・方向性を持った導入によって、教師の『教えたいもの』が子どもたちの『学びたいもの』に転化される」としています。

　導入においては、後に続く授業内容の理解を容易にする工夫をする必要があります。知識を習得する場合、その知識が意味のある文脈に位置づけられることによって、より効率よく習得することができます。このような学習を有意味受容学習といいます。たとえば歴史上のある事件を扱う場合、その事件に関する知識だけを示すのではなく、時代背景を押さえてから、その事件を説明したほうがよりその事件についての知識を習得することができます。なお、有意味受容学習については、次節で扱います。

　次に、**展開**部分ですが、この部分が授業の中核となります。展開部分においては、ヤマ場（クライマックス）が存在します。ヤマ場とは、学習活動が盛んな場面、授業の目標が達成される緊張に満ちた場面、課題に対して子どもたちが立ち向かい解決した重要な場面、としてとらえられます（宮原, 1999）。

　授業展開では、教師による説明や指示がなされますが、あわせて、児童生徒への発問を工夫することが重要になります。発問には、応答（正答）が限定される発問、限定されない発問があり、どのタイミングでどのような発問をすることが、児童生徒の効果的な学習につながるか、あらかじめ考えておく必要があります。

　授業にあたっては、あらかじめ学習指導案を作成することがあります。**学習指導案**を書くことによって、導入─展開─終結（まとめ）という流れを計画し、

第6学年　社会科学習指導案（略案）

指導者　有田和正

研究主題	政治の学習内容に子どもが「はてな？」をもって、それを追究するようにするには、どんな資料を用いて、どのような指導をすればよいのだろうか。

1. 単　元　わたしたちのくらしと政治のはたらき
2. 本時の指導
   (1) ねらい　選挙の投票所の様子（資料）を見て、いろいろな「はてな？」を見つけることができるようにし、その「はてな？」を調べるように指導する。
   (2) 準　備　選挙の投票所のようすを描いたイラスト
   (3) 展　開

予想される学習活動・内容	指導上の留意点
1.　┌─イラストを提示して─────┐ 　　│ この絵は、何をしているところでしょう。│ 　　└──────────────┘ 　　・選挙の投票をしている。	・わからない子はいないと思うが、どうだろうか。意外にわからないかもしれない。何しろ、体験がまったくないことなので。
2.　┌──────────────────────┐ 　　│ このイラストを見て、「はてな？」と思うことを、3つ以上見つけノートに書きなさい。│ 　　└──────────────────────┘	・3つならどの子も「はてな？」を見つけられるイラストである。どんな「はてな？」を発見できるか。
3.　┌────────────────┐ 　　│ 見つけた「はてな？」を発表し、考え合いましょう。│ 　　└────────────────┘ 　　・受付はどんなことをするのか？ 　　・背中の人（立会人）は何をしているのか？ 　　・投票箱は、どのようになっているのか？ 　　・何の選挙か？	・多様な「はてな？」を見つけるように、ヒントを出したりする。 ・「見えるもの」に「はてな？」を見つけさせ、それから「見えないもの」の「はてな？」発見をさせたい。しかし、いきなり「何時頃か？」などの「はてな？」が、出るかもしれない。
〈見えないものを見えるようにする発問の例〉 4.　・投票している人は、何才以上の人でしょう？→投票日に20才になる人は、投票できるでしょうか？ 　　・投票は、朝何時に始まり、何時に終わるでしょう？ 　　・その時の時刻は、どの時計でしょう？ 　　・受付などの仕事を、未成年の中学生や高校生ができるでしょうか？ 　　・投票に一番のりした人は、投票箱の中を見せてくれる。ウソかホントか？ 　　　　↓ 　　・午後6時に、体の一部が会場に入った。この人は投票できるでしょうか？	
5.　┌──────────────────────┐ 　　│ 選挙で、国会議員や県会議員、知事や市町村長などを決めるのはなぜでしょう？│ 　　└──────────────────────┘ 　　・国民の考えを政治に反映するため 　　・国民の願いを実現するのが政治だから	・選挙の大切さに気づかせたい。

図6-3　学習指導案（略案）の例（有田，1997）

とくに「ヤマ場」でどのように児童生徒が動くか、教師はそれらにどのように
こたえ指導するかを考えておく必要があります。学習指導案のうち、単元全体
の計画を書いた指導案を細案、1時間のみの授業にしぼって計画を書くものを
略案といいます。学習指導案は学校によって形式が異なるので、教育実習のさ
いには注意が必要です。

❸ 有意味受容学習と発見学習

　教科にもよりますが、一般的に、小中高の授業では、部分的にグループ学習
や個別指導を取り入れるとしても、一斉指導の形態が多くなるでしょう。教師
が教材を用いて、教育内容を提示し、児童生徒がそれを受容するという形態で
す。このような学習を受容学習といいます。とくに、いわゆる丸暗記（機械的
学習）ではなく、知識が意味のある文脈に位置づけられ、そのなかで受容され
ると、**有意味受容学習**となります。

　オーズベル（Ausubel, D. P.）と**ロビンソン**（Robinson, F. G.）は、有意味受容学
習において、「学習情報に先だって提示される情報であり、学習情報よりも一
般的で、抽象的でかつ包括的な情報」を「**先行オーガナイザー**（advance orga-
nizers）」とよびました（オーズベル・ロビンソン，1984）。

　川上・多鹿（1990）は、中学3年生での理科授業のさいに先行オーガナイザー
を示すことによって、1週間後の「転移テスト」（他分野への応用）の成績が高ま
ることを示しています。また、同じ著者によっておこなわれた小学校5年、中
学校1年に関する実験でもこれが認められたとしています。たとえば、中学3
年生対象の実験では、「めしべ、おしべ、花びら、がくは、中側から順に並ん
でいる」という先行オーガナイザーを示し、ハナダイコン、チューリップ、タ
ンポポを観察させ学習するグループと、先行オーガナイザーを示さないで同様
の学習をさせるグループが設定されました。その結果、先行オーガナイザーを
示したグループのほうが、転移テスト（学習より1週間後、未学習であるエニシダ、
ハナショウブなどの花の形態を実物を手にしながら問うテスト）の成績が、高くなるこ

とが示されました。

　有意味受容学習に対して、児童生徒が主体的に法則等を発見していく学習を、**発見学習**といいます。ブルーナー（Bruner, J. S.）は「知的活動は、知識の最前線であろうと、第三学年の教室であろうと、どこにおいても同じものである」とし、「どの教科でも、知的性格をそのままにたもって、発達のどの段階のどの子どもにも効果的に教えることができる」という仮説を支持する証拠がかなり集まっていると考えました（ブルーナー，1963）。ブルーナーは発見とは「以前には気づかれなかった諸関係のもつ規則正しさと、諸観念の間の類似性を発見する」ことであるとしています。先にみた「仮説実験授業」は、発見学習に類似していると考えられます。

❹　授業分析

　熟達教師の授業を観察し、分析することは、自らの授業の力量を向上させるために有効です。また、自己の授業を映像化し、それをもとに授業分析をすることも授業力向上につながります。ここでは**授業分析**の方法をみていきましょう。

　フランダース（Flanders, N. A.）は、教師と子どもの相互作用を分析する枠組みを提出しています。表6-1に示したように、教師の発言について7個、生徒の対応について2個、そのほかに沈黙というカテゴリーが用意されています。これらのカテゴリーによって授業過程を分節化し、時系列的に分析することによって、授業の傾向が明らかになります。たとえば、「教師の指示」のあと「生徒の発言＝応答」があったとしたら、図6-4によると「生徒の発言を促進する教師の対応」がおこなわれたことになります。

表6-1　フランダースの相互作用分析カテゴリー

（佐藤，1996より）

教師の発言	対応	(1) 感情の受容
		(2) 賞賛と励まし
		(3) 生徒の考えの受容と活用
		(4) 発問
	主導	(5) 講述
		(6) 指示
		(7) 批評と権威の正当化
生徒の発言	対応	(8) 生徒の発言＝応答
	主導	(9) 生徒の発言＝主導
沈黙		(10) 沈黙と混乱

後＼前	1	2	3	4	5	6	7	8	9	10
1								教師の対応	生徒の発言を促進する	
2	教師の間接的影響									
3										
4										
5					教師の直接的影響					
6										
7										
8	生徒の発言に対する教師の対応									
9										
10										

図6-4　フランダースのカテゴリー分析によるマトリックス（佐藤，1996より）

　また、授業中に生起した出来事について、量的な側面ではなく、それが起こった文脈を重視する立場として、質的授業分析があります。質的授業分析の方法としては、**エスノメソドロジー**があります。エスノメソドロジーはもともとは社会学の方法で、ミクロな場面の詳細な相互行為分析をおこない、日常に潜む法則を抽出するというものです。前述のメハンのIRE構造は、エスノメソドロジーの方法でみいだされました。

　表6-2は、課題にとりくませたい保育者とブロック遊びをやりたい子どもの相互行為をエスノメソドロジーの手法によって記述した例（トランスクリプト）です。

　授業研究会等において、質的な授業分析のための資料として用いられるものに、**T−C型授業記録**があります。これは、教師（T）の発言と子ども（C）の発言をそのまま、あるいはある程度まとめて書きだした記録です。発言だけではなく、教師や子どもの行動を記述することもあります。ただし、体験学習の授業などT−C型授業記録に向かない授業もあります。また、授業研究会は対象となる授業直後におこなわれることが多いので、完璧なT−C型授業記録を作成して研究会に臨むことは困難で、参観者が手書きやパソコン等で授業中にとったT−C型記録を参照しながら、研究会において授業分析をおこなうことになります。

　授業研究会等における授業分析にあたっては、書き記された記録のみを用いると、記録者の主観が大きく入ることがあったり、詳細がわからないことがあったり、重要な情報がぬけてしまったりすることもあります。さらには臨場感が伝わらないこともあり、ビデオ映像を用いた授業分析もおこなわれます。ビデオ映像を用いた授業改善のために開発された方法として、ストップモーション

表6-2 保育者とブロック遊びをやりたい子どもの相互行為に関するトランスクリプト（刑部・小野寺，2002 を改めた）

分：秒	K児	保育者 F保育者	W保育者	P園長	他の園児 T児	A児
51：05	(Kはブロック用ドライバーを口にくわえたまま、作業テーブルに視線をむける)	K 「こっちこっちKちゃん、それ置いてらっしゃい」	P	W	(画面では判断できない)	下
51：12	F	「そこでやる？おいてきて。ほら、ブロックレゴの」	P	W	A	下
	F	K		K	下	下
	W	K 「Kちゃん、Kちゃんは……」		「Kちゃん、何をくわえているの？」	A	下
	下	「今言ったの。置いてきてって今言ったの」		K	下	下
51：39	下	P or W 「ねえ先生、Kくんって（不明）今ね、それ置いてセタ飾りつくるから来てねって言ったのに、言ったことがわからないでしゅくいうちゃうのねえ」	F	F	下（K）(00'50' 40 に振り向いて一瞬Kを見ている)	下
51：50	下	T （画面にいない）		K	F 「うさぎ組に行ってほしいな」	下
52：05	下	K 「ねえ、ほら、言われちゃったよ。Kくん、先生、何言ったっけ？ブロック作りなさいって言った？」(K、T、A以外の園児を相手)		K	下	K
52：07	下	(K、T、A以外の園児を相手)		A以外の園児を相手	下	「赤ちゃん組に行っちゃえってTくんが言ってるよ」
52：12	下 K（立ち上がる）下 「Kくん……」	K（立ち上がる）「Kくん……」	(K、T、A以外の園児を相手)		F （Wへ作ったものを見せる）	下

注：F、Wは担任の保育者、Pは園長である。K、T、Aは園児である。記号は注視対象であり、「下」と書いてある部分は、Kの場合はブロックをもつ手元、TやAの場合は作業をしている手元のことである。トランスクリプトの51：39によるFの注視対象は、カメラの背後からのものとなっているので、Fの眼によるものではない。頭を中心とした姿勢によっての判断である。

法や再生刺激法があります。

　ストップモーション法は、授業を録画したビデオ映像の画面を一時停止させ、解説者が授業の背景説明をしたり、教授者の発問や指示の意味を解説したり、教材の特質や授業の組み立てを分析したりする方法です（藤岡，1991）。

　再生刺激法は「授業をビデオで録画しておいて、授業終了後、学習者（子ども）あるいは教授者（教師）が授業ビデオを手がかり（刺激）として、各授業場面での自らの内面過程（認知・情意）を思い出す（つまり、記憶再生する）方法」（吉崎，2000）です。

❺　教授学習過程をどうとらえるか

　教授学習過程は、教師の指導により、教育目標に沿って、児童生徒の行動あるいは認知が変容するプロセスであると考えられます。そのような変容には、教師や児童生徒個人の努力だけではなく、社会や文化が重要であるという考え方もあります。

　たとえば、**ヴィゴツキー**（Vygotsky, L. S.）は**最近接発達領域**という概念を提唱しています。次のようなことです。子ども 1 人ではできないことでも、他者に助けられるとできるという場合があります。たとえば、足し算の筆算で、繰り上がりがないものは解けるが、繰り上がりがあるものは解けない児童を考えてみましょう。そのような児童でも、たとえば兄に助けられ、丁寧に教えられながら解くと、繰り上がりがある筆算もできる、というような場合があります。この場合、「繰り上がりがある筆算」は、この児童が、これから 1 人で解くことができるようになりつつある、まさに発達している最先端の部分であるといえます。ヴィゴツキーはこのような部分を「最近接発達領域」（zone of proximal development）とよびました（Vygotsky, 1935）。授業場面でも、教師や級友や先輩が「最近接発達領域」を刺激することで、児童生徒は知的に発達していくといえます。グループ学習では、級友同士が「最近接発達領域」を刺激しあうことになります。

　また、学校ではあまりみられない（あるいは意識されない）ですが、社会や文

化の強い影響により成立する教授学習過程もあります。学校では、一般的に、教師がカリキュラムに沿って、教科書を用いながら、子どもに効率よく教育内容を系統的に教授していきます。しかし、このような形ではなく、たとえば、新人の落語家が師匠の後ろ姿をみて学んでいく学びを考えてみましょう。師匠は、カリキュラムに沿って、教科書を用いながら、弟子に落語について教える、というようなことはあまりないと思われます。弟子は、落語（家）文化の中心に向かって、周辺部の下働きをしながら、師匠の背中をみて、知識や技術を習得していきます。しかもその下働きは、初心者でもできる比較的簡単な仕事かもしれませんが、落語家としての仕事にはなくてはならない本番の仕事です。**レイヴとウェンガー**（Lave, J. & Wenger, E.）は、このような学びを「**正統的周辺参加**」とよびました（Lave & Wenger, 1991）。いわゆる徒弟制がある職業現場で、多くみられる学びです。職業文化ではなくとも、われわれは、ある学校の文化や地域文化、民族文化などに参入するさいに、「正統的周辺参加」をしていると考えられます。社会や文化の影響によって学ばざるをえない形になるので、一般的な学校における授業のように、学び手をどう「動機づけ」るのかについては、さほど考えなくてもよいといえるでしょう。このような、ある社会文化のなかに参入していく過程としての教授学習過程、というとらえかたも、学校教育を見直すうえで重要になってきます。

　しかしながら、学校教育に徒弟制をもちこむのは困難です。そこで、「認知的徒弟制」（cognitive apprenticeship）として、そのエッセンスを学校教育に生かすことが考えられています。コリンズ（Collins, A.）は、認知的徒弟制の環境をデザインするための具体的な方法として、児童生徒に対して、「モデリング」「コーチング」「スキャフォルディング（足場かけ）」というような方法（熟達に合わせてこの順に実施）で、学習を支援することを提案しています（Collins, 2006）。たとえば、湖にかかわる環境問題を学ぶ場合、実際に環境問題にかかわって湖の水質を分析してデータをまとめている人を観察し（モデリング）、その後、その人たちに教えてもらいながら測定器を操作して湖の水質を測定したりデータを入力したりし（コーチング）、さらに、慣れると、ほぼ独り立ちして測定や記

録を行いつつ、要所要所でのみ助けてもらう（スキャフォルディング）、というような順序になります。なお、「スキャフォルディング」には、「フェーディング」すなわち、徐々に「足場」をなくしていく過程が含まれます。さらに自分自身の問題解決方略を意識し制御できるようにするために「詳述」「省察」をすること、また、最終的に学習者の自律性を高めるために「探索」をすることの重要性を指摘しています。

（神藤　貴昭）

課　　題

あなたが、あなたの得意な分野（教科に限らず何でもよい）を、中学生に教えるとします。導入―展開―終結から成る「学習指導案」（略案）をつくってみましょう。

【文　　献】

有田和正　1997　社会科教材研究の技術.　明治図書.

Ausbel, D. P. & Robinson, G. R.　1969　*School learning.* Holt, Rinehart and Winston.　吉田彰宏・松田彌生（訳）　1984　教室学習の心理学　黎明書房.

Collins, A.　2006 Cognitive apprenticeship. In R. K. Sawyer（Ed.）, *The Cambridge handbook of the learning sciences.* New York: Cambridge University Press 47-60.　コリンズ，A.　2009　認知的徒弟制　ソーヤー，R. K.（編）　森敏昭・秋田喜代美（監訳）　学習科学ハンドブック.　培風館　41-52.

Edwards, D. & Mercer, N.　1987　*Common knowledge: The development of understanding in the classroom.* London: Routledge.

藤岡信勝　1991　ストップモーション方式による授業研究の方法.　学事出版.

刑部育子・小野寺涼子　2002　エスノメソドロジーによる社会的相互交渉の分析　野嶋栄一郎（編）　教育実践を記述する：教えること・学ぶことの技法.　金子書房　102-114.

市川伸一　1993　認知カウンセリングとは何か　市川伸一（編著）　学習を支える認知カウンセリング：心理学と教育の新たな接点.　ブレーン出版　9-33.

板倉聖宣　1974　仮説実験授業.　仮説社.

川上昭吾・多鹿秀継　1990　理科授業における先行オーガナイザの効果 第3報 花のつくりの学習における中学校第3学年生徒の反応、ならびに授業への適用　愛知教育大学教科教育センター研究報告, 14, 197-202.

Lave, J. & Wenger, E. 1991 *Situated learning: Legitimate peripheral participation.* Cambridge: Cambridge University Press　佐伯胖訳　1993　状況に埋め込まれた学習：正統的周辺参加.　産業図書.

Mehan, H. 1979　*Learning lessons: Social organization in the classroom.* Cambridge: Harvard University Press.

松尾剛　2010　学級文化と授業　高垣マユミ（編著）　授業デザインの最前線Ⅱ－理論と実践を創造する知のプロセス.　北大路書房　200-211.

松尾剛・丸野俊一　2007　子どもが主体的に考え，学び合う授業を熟練教師はいかに実現しているか―話し合いを支えるグラウンド・ルールの共有過程の分析を通じて　教育心理学研究, **55**, 93-105.

宮原順寛　1999　導入とヤマ場　恒吉宏典・深澤広明（編）　授業研究―重要用語300の基礎知識.　明治図書　181.

難波博孝・尾道市立因北小学校　2010　ジグソー学習を取り入れた文学を読む力の育成.　明治図書.

佐藤学　1996　教育方法学.　岩波書店.

Vygotsky, L. S. 1935　土井捷三・神谷栄司（訳）2003　「発達の最近接領域」の理論―教授・学習過程における子どもの発達.　三学出版.

吉崎静夫　2000　再生刺激法　日本教育工学会（編）　教育工学事典.　実教出版　245-246.

コラム4　教育実習で気をつけること

　教育実習生は、まだ教員免許をもたない大学生であるので、ホンモノの教師に比べて、授業進行がたどたどしいものになるのは、ある程度、仕方がありません。しかし、「実習」とはいえ、実際に児童生徒の前で授業をおこなうのですから、もはや「本番」であるともいえます。間違った知識を教えたり、児童生徒の心を傷つけたりすることは教育実習生としてもよくないことであるといえるでしょう。

　教育実習までに、たとえば、以下のようなことができるようになるための準備が求められます。

- ・教科内容に関する知識を豊かにする
- ・児童生徒が主体的に学ぶような授業を構想し、学習指導案を作成することができる
- ・児童生徒の気持ちを理解し、適切なコミュニケーションをとる
- ・学校のしくみを知り、教職員と円滑なコミュニケーションをとる
- ・基本となる事務的な仕事（書類を作成する、締め切りを守る等）ができる
- ・きちんと挨拶をし、言葉づかいに心を配る
- ・主体的に行動する

　これを見て、教育実習について、必要以上に不安になる必要はないですが、とにかく誠実に行いましょう。実際には、「よくがんばっているな」と学校現場から評価される実習生が多いことも付け加えましょう。

　教職課程を積極的に履修するとともに、子どもにかかわるボランティアに参加する等、実地経験を積むことにより、その後の教育実習がより豊かなものになるでしょう。

　さて、3週間ほどの教育実習での経験と、教員採用後の授業や生徒指導の実践には、当然のことながら大きな「溝」があります。長い目で教員のキャリアを考えた場合、学校での実践を核にしつつ理論も学べ、着実に教師へと成長できる教職大学院への進学も考えてみてください。

（神藤　貴昭）

Chapter 7 教育評価

はじめに

　以前、教職課程の4年生を対象とした授業で、受講生それぞれが模擬授業をし、模擬授業を受けた他の受講生から発表のわかりやすさや資料の充実度について評価をしてもらい、自分の模擬授業のできについて自身でふりかえるという活動をしました。そのさい、ある学生から「私は人を評価するようなおこがましいことはできないのでこの活動には参加しません」といわれたことがありました。また、評価による序列化が避けられる時代の雰囲気を反映した「かけっこで順位をつけるのは平等主義に反するのでみなで手をつないでゴールする学校がある」という都市伝説を耳にした人も多いのではないでしょうか？

　上記の話より「誰かが人を評価すること」、「いろいろな面のある人を点数化して個性をみなくなること」に対して強い拒否反応が示される場合があることは理解できるのではないでしょうか。では、教育において評価することは実際に悪い面しかないのでしょうか？

　私はよく複数の学生から「先生、俺はほめられてのびるタイプだからほめてよ！」と言われたことがあります。たしかに、ほめられるとうれしいのは事実でしょう。しかし、なんでもほめられたらいいのかというとそうでもありません。以前欠席が多くて不安なのか、学生から「先生すごく格好いい！」とお世辞を言われて、「そんな嘘っぱちのお世辞いわれてもねえ……」と苦笑したこともありました。つまり、効果的にほめるためには、その人が優れていることをきちんと評価したうえでないと意味がないのです。このことからも、きちんとした教育評価をおこなわない限り、誰かに心からひびくほめかたをするのは難しいことがわかるのではないでしょうか。

❶ 教育評価の意義

　梶田（2002）は**教育評価**の意味について、①子どもが現実にどのような発達の姿を示し、どのような能力や特性を現にもっているかをみてとり、指導の前提としての一人ひとりの個性的ありかたをみてとること、②子どもの示す態度や発言、行動について、どの点はそのまま伸ばしてやればよいか、どの点はとくに指導して矯正すべきであるか、を判断し、指導のストラテジー（方略）を立てる土台とすること、③教育活動のなかで子どもがどのように変容しつつあるか、をみてとり、一人ひとりに対する次の課題提示や指導のありかたを考える土台とすること、④教育活動自体がどの程度成功であったかを、子どもの姿自体のなかからみてとること、の4点をあげています。

　上の記述を読む限りでは、教育評価のおもな対象は子どもであり、テストや入試などで点数をつけるイメージしかでてこないかもしれません。しかし、教育評価の対象は①学習者個々人（子ども）にとどまらず、②教育活動、③教育内容（カリキュラム）、④教師（教育指導者）、⑤学習者集団、⑥教師をも含めた学級（ホームルーム）、⑦教師集団、⑧学校全体のありかた、⑨基本的施設、⑩校地および校舎、⑪地域的環境、⑫教育施設の管理・運営、⑬教育行政システム、⑭社会全体における各種教育施設の位置づけと機能・役割、と非常に幅広いことも指摘されています（梶田, 2002）。

　これらすべての対象の教育評価の具体例を概観するには本章は短すぎますので、本章ではおもに①学習者個々人の教育評価に使用される手法を概観し、他の対象の教育評価をするさいの基本を学ぶことを目的とします。

❷ 通 知 表

　教育評価の具体例として、誰もがすぐに思いつくものとしては「通知表」、「通知簿」があります。「通知」という単語でわかるように、教師が子どもの学習指導や生活の状況に対しておこなった教育評価の結果を保護者に知らせるもの

生 徒 氏 名	学 校 名	区分	学年	1	2	3
		学 級				
		整理番号				

各 教 科 の 学 習 の 記 録

教科	観 点	学 年	1	2	3	教科	観 点	学 年	1	2	3
国語	知識・技能						知識・技能				
	思考・判断・表現						思考・判断・表現				
	主体的に学習に取り組む態度						主体的に学習に取り組む態度				
	評定						評定				

社会	知識・技能				
	思考・判断・表現				
	主体的に学習に取り組む態度				
	評定				

特 別 の 教 科　道 徳

学年	学習状況及び道徳性に係る成長の様子
1	
2	
3	

数学	知識・技能				
	思考・判断・表現				
	主体的に学習に取り組む態度				
	評定				

理科	知識・技能				
	思考・判断・表現				
	主体的に学習に取り組む態度				
	評定				

総 合 的 な 学 習 の 時 間 の 記 録

学年	学 習 活 動	観 点	評 価
1			
2			
3			

音楽	知識・技能				
	思考・判断・表現				
	主体的に学習に取り組む態度				
	評定				

美術	知識・技能				
	思考・判断・表現				
	主体的に学習に取り組む態度				
	評定				

保健体育	知識・技能				
	思考・判断・表現				
	主体的に学習に取り組む態度				
	評定				

技術・家庭	知識・技能				
	思考・判断・表現				
	主体的に学習に取り組む態度				
	評定				

特 別 活 動 の 記 録

内 容	観 点	学 年	1	2	3
学級活動					
生徒会活動					
学校行事					

外国語	知識・技能				
	思考・判断・表現				
	主体的に学習に取り組む態度				
	評定				

図 7-1　小学校の通知表の例（文部科学省）

生 徒 氏 名

行　動　の　記　録									
項　　目　　　　学　年	1	2	3	項　　目　　　　学　年		1	2	3
基本的な生活習慣				思いやり・協力				
健康・体力の向上				生命尊重・自然愛護				
自主・自律				勤労・奉仕				
責任感				公正・公平				
創意工夫				公共心・公徳心				

総　合　所　見　及　び　指　導　上　参　考　と　な　る　諸　事　項
第1学年
第2学年
第3学年

				出　　欠　　の　　記　　録		
区分　　　　学年	授業日数	出席停止・忌引等の日数	出席しなければならない日数	欠席日数	出席日数	備　　　　考
1						
2						
3						

図 7-1　小学校の通知表の例（文部科学省）

となっています。おそらく、全国のほぼ全員が通知表をもらう、またはもらったと思いますが、実は法的な根拠があるわけではなく、作成、様式、内容等はすべて校長の裁量にまかされています。出身校の違う友だちと通知表について話しても、その名称が違っていたり内容が違っていたりすることがその証拠といえます。

　しかし基本的には**指導要録**の参考様式（中学校の参考様式を図 7-1 にあげます）に基づいて作成されることが多いため、全国的に通知表の内容は似通ったものとなっています。以下、平成 31 年 3 月 29 日に通知された「小学校、中学校、高等学校及び特別支援学校等における児童生徒の学習評価及び指導要録の改善

等について（通知）」では、基本的な考え方として以下のことが挙げられています。

(1) 各教科等の目標及び内容を「知識及び技能」、「思考力、判断力、表現力等」、「学びに向かう力、人間性等」の資質・能力の三つの柱で再整理した新学習指導要領の下での指導と評価の一体化を推進する観点から、観点別学習状況の評価の観点についても、これらの資質・能力に関わる「知識・技能」、「思考・判断・表現」、「主体的に学習に取り組む態度」の3観点に整理して示し、設置者において、これに基づく適切な観点を設定することとした。その際、「学びに向かう力、人間性等」については、「主体的に学習に取り組む態度」として観点別学習状況の評価を通じて見取ることができる部分と観点別学習状況の評価にはなじまず、個人内評価等を通じて見取る部分があることに留意する必要があることを明確にした。

(2) 「主体的に学習に取り組む態度」については、各教科等の観点の趣旨に照らし、知識及び技能を獲得したり、思考力、判断力、表現力等を身に付けたりすることに向けた粘り強い取組の中で、自らの学習を調整しようとしているかどうかを含めて評価することとした。

(3) 学習評価の結果の活用に際しては、各教科等の児童生徒の学習状況を観点別に捉え、各教科等における学習状況を分析的に把握することが可能な観点別学習状況の評価と、各教科等の児童生徒の学習状況を総括的に捉え、教育課程全体における各教科等の学習状況を把握することが可能な評定の双方の特長を踏まえつつ、その後の指導の改善等を図ることが重要であることを明確にした。

(4) 特に高等学校及び特別支援学校（視覚障害、聴覚障害、肢体不自由又は病弱）高等部における各教科・科目の評価について、学習状況を分析的に捉える観点別学習状況の評価と、これらを総括的に捉える評定の両方について、学習指導要領に示す各教科・科目の目標に基づき学校が地域や生徒の実態に即して定めた当該教科・科目の目標や内容に照らし、その

実現状況を評価する、目標に準拠した評価として実施することを明確にした。

❸ 評価のゆがみ

通知表についての文章を読んで、「自分はテストがんばったのに通知表がよくなかったことがあったなあ」とか「あの先生は"ひいき"をする先生だった」などといった記憶がでてきた人もいるのではないでしょうか。教育はさまざまな面での成果を生みうる分、その評価は困難を極め、熟達した教師においても間違った評価をしてしまうことは多々あります。ここでは、本郷・八木（2008）をもとに教師が起こしやすい認知の歪みについてみていきます。

ステレオタイプ的認知とは、「～な人は……な人が多い」というある集団に属する人たちに対してもつイメージであるステレオタイプで、児童生徒の個人差を無視した評価をおこなってしまうことを言います。たとえば「忘れ物が多い児童生徒は成績が悪いことが多い」というステレオタイプの存在のもと、児童生徒そのものをみることなしに「あの子は忘れ物が多いからテストの点も悪いだろう」などといった思い込みで児童生徒を評価してしまうことがこれにあたります。

ハロー効果（背光効果・後光効果）は、子どものある特性に対して良い（悪い）印象をもつとその特性に直接関連しない他の特性に対しても同じく良い（悪い）印象がもたれやすい効果とされます。たとえば、勉強やスポーツなどで優秀な成績をおさめた児童生徒に対して、人格面でも優れているのではと思ってしまうのがこれにあたります。**論理的過誤**は、ある特性Aと特性Bに関連があると一般的に言われている場合、特性Aを有していることで特性Bも有していると思い込む現象です。たとえば、動物に対してやさしい姿をみせた児童生徒をみかけて、この子はきっと他のクラスメイトにもやさしく出来るのだろう……と思ってしまい、実際には動物にのみやさしいことに気づけなかったりするのがこれにあたります。

その他、**寛容効果**は先にあげたえこひいきが代表例にあげられる認知の歪みで、プラスの感情を有している児童生徒に対しての評価が全般的に甘くなりがちな現象などをいい、5段階評価をするさいに1や5をつけるのをためらい、3をつけるのが増えるように、極端な評価を避けることで評価が中央に固まりがちな**中心化傾向**という現象も存在します。

❹ 評価の時期と評価の方法

　教育評価の代表例として通知表が存在しますが、通知表を評価の時期でとらえなおすと、教育がおこなわれた後に目標の達成度合いなどを評価した結果といえます。通知表をスポーツの試合でたとえると、「勝った」「負けた」という評価になりますが、「ポジションがおかしいから修正しろ！」とか「敵の攻め方が～だから……で応対しろ！」などという試合中の評価もまた重要なことはよくわかるのではないでしょうか。

　ブルーム（Bloom, B. S.）は、たんに当初の計画にもとづいた指導をおこなうだけではなく、単元の進行に従って適宜児童生徒の成果の教育評価をおこない、児童生徒の能力や状況に合わせて、学習時間を増減させたり教え方を変化させたりすることで、多くの児童生徒を一定の目標レベルまで導くことができるという**完全習得学習**の概念を提唱しました。

　完全習得学習では、教育評価がおこなわれる時期とその観点、方法の視点より、**診断的評価、形成的評価、総括的評価**の3つの評価が存在しています。診断的評価は、入学や学年の当初の教材計画を立てる前の時期になされ、前学年までにすでに学んだ基本的指導事項についての到達度を評価して、当初の目標設定をするためにおこなわれる評価となります。学年の最初の授業が始まる前になされる実力テストなどがこれにあたり、おもな手法としては発問応答、ペーパーテスト、アンケート、作文などがあげられます。

　形成的評価は、授業の過程でおこなわれるものであり、授業の過程において、診断的評価によって設定された目標やねらいが達成できているかについてなさ

れる評価です。そして評価の結果によっては、指導方法の軌道修正や個別指導の導入などの対応が計画されたりします。具体的には、各授業内での知識定着確認の小テストなどがこれにあたりますが、それ以外にも児童生徒が理解しているような表情をしているかを観察で把握したり、小グループで確認させたり発表させたりなどのさまざまな活動を通じておこなうことが可能です。

　総括的評価は、学期末や学年末にまとめておこなわれる評価で、学期内や学年内で指導が計画されていた事項について到達目標に照らしあわせておこなわれる評価となります。これらはペーパーテストなどでおこなわれることが多いですが、児童生徒の自己評価でもおこなわれることも重要であり、また次学期や次学年での目標の設定や計画の立案などに生かされることが重要です。

❺　相対評価と絶対評価

　2001年の指導要録の改訂により、教育評価の方法が相対評価から絶対評価に変わった、と先に書きましたが、これは、詳しくみるとどのような意味があるのでしょうか。

　ある個人が自分の所属する集団のなかでどのような位置づけにあるかという見地で評価する評価手法を相対評価（**集団準拠評価**）とよびます。平均値と標準偏差をもとに、集団内での位置づけを数値化して示す**偏差値**は、相対評価の代表例といえます。田中（2002）によると、戦後導入された相対評価は、もともとは教師の主観的な判断で「優・良・可」をつけるような「考査」などの戦前の「絶対評価」からの脱却という意義があったとされます。また、偏差値を使うと平均点や標準偏差が異なる試験の結果の意味を比較しやすいという利点もあります。たとえば、国語70点のA君と数学70点のB君がいたとして、この2人を点数だけで比較することは無理ですが、国語の平均点50点、標準偏差10だとするとA君の偏差値は70、数学の平均点が80点で標準偏差が5だとすると、B君の偏差値は30となり、集団内での位置づけで考えると2人の試験の結果には大きな隔たりがあるのがわかるでしょう。

しかし、田中（2002）は相対評価には以下の4つの問題点があるとされています。1つめの非教育的な評価論であるという問題点としては、かならずできない子がいるということを前提としていることがあげられます。2つめの排他的な競争を常態化させるという問題点では、誰かを退けない限りは評価が上がらないため、勉強とは勝ち負けという学習観を生むことになったとされています。3つめの学力の実態を反映しないとは、教師が身につけさせようと思った学力が身についていない場合でも、測定をおこなった以上順位が出るため、その測定の妥当性を無視して順位で理解されてしまう問題があることを意味します。4つめの教育活動を評価できないという問題点では、評価の高低が子どもの努力や能力に帰属されやすくなるため、教師自体の教育活動の評価につながりにくいことが指摘されています。

　そのような相対評価の問題点の解決のため、2001年より絶対評価が導入されました。田中（2008）によると、このさい導入された絶対評価は、戦前型の絶対評価ではなく、目標に準拠した絶対評価とでもよばれるべきものであるとされています。たとえば、"毎日休まず学校に登校して皆勤賞をもらった"というときには、毎日登校という評価基準がすでに存在しており、それを達成できたかどうかが評価の基準となります。このような、評価をおこなう教育目標をあらかじめ決めておき、どこまで到達したかによっておこなう絶対評価は**目標準拠評価**ともよばれます。

　さらに、絶対評価には子どもの個性を絶対視する個人内評価と同じ意味をもっているともいえます。たとえば、上にあげた"毎日登校"という基準はハードルが高すぎると思う場合もあるかもしれません。その他、80点以上で合格！といわれて、1回目は50点しかとれなかったけど、2回目チャレンジしたときは75点だった場合、絶対評価ではどちらも不合格です。しかしこのような状況においては、個人のなかでどの程度伸びたかを理解することも非常に重要だと思われます。このようなときに使うのが、ある時点を基準として、時間の経過による進歩・変化を解釈する絶対評価であり、**個人内評価**ともよばれます。

❻ ルーブリック

　知識の量や理解の度合いなどに関しては、客観テストでの測定が比較的容易であり、偏差値などで表されても理解はしやすいです。しかし、「どのように思考して判断をしたのか？」とか「この人はどの程度上手に想像力を発揮できるだろうか？」、「どの程度上手に歌ったりボールを扱ったりできるだろうか」などのパフォーマンス系の評価をするには、偏差値的な理解は困難です。「あなたは偏差値65レベルまで思考できました」とか「そんな想像しかできないなんて偏差値40レベルだね」と言われても、どのような思考や想像がそれらに該当するのかを推測できませんし、「A選手のドリブルは偏差値70レベル、B選手のドリブルは偏差値60レベル」と言われても、具体的な違いを想像できないことからもわかるのではないでしょうか。そこで、パフォーマンス系の教育評価に多く使われるものとして**ルーブリック**という方法が存在します。

　濱名（2011）はルーブリックを、"「目標に準拠した評価」のための「基準」つくりの方法論であり、学生が何を学習するのかを示す評価規準と学生が学習到達しているレベルを示す具体的な評価基準をマトリクス形式で示す評価指標である"と定義しています。そして、ルーブリックは学習者のパフォーマンスの成功の度合いを示す尺度と、それぞれの尺度にみられるパフォーマンスの特徴を説明する記述語で構成されることや、アメリカにおいて先進的に開発され、数多くの高等教育機関が導入・活用していることなども指摘しています。図7-2に、あるテーマを立てて調査をおこなって分析をするというリサーチをおこなったさいの評価に使用されるルーブリックの例をあげます。

　ルーブリックはまた、評価をする教員と評価を受ける児童生徒の双方が、あらかじめどのような基準で評価されるのかについて明確に把握できるため、児童生徒は「〇〇ができればよい」という具体的な目標を立てやすく、また共通の評価基準により公平平等に自身の活動へのフィードバックを受けることができるメリットがあるとされています。

　さて、ここまでいろいろな教育評価の手法を学んできました。本章の復習の

	5	4	3	2	1	0
テーマのたて方（調査目的の設定）	独創的で、明確なテーマが設定されていて、それについての仮説や調査項目が分かりやすく整理されて示されている。	明確で、実現可能なテーマが設定されていて、それについての仮説や調査項目が示されている。	実現可能なテーマが設定されており、それについての仮説や調査項目が示されている。	実現可能なテーマが設定されており、一般的な仮説や調査項目がたてられている。	テーマは設定されているが、仮説や調査項目が分かりにくい。	テーマがはっきりしない。調査項目、および仮説が示されていない。
これまでに明らかにされている知見の活用	信頼できる様々な情報源から、これまでに明らかにされた知見や課題を、自分が明らかにしようとしている内容に関連づけて活用している。	信頼できる複数の情報源から、これまでに明らかになった知見を、リサーチに関連づけて活用している。	複数の情報源からこれまでに明らかになった知見を示し、整理している。	複数の情報源からこれまでに明らかになった考え方や研究内容を、部分的であっても示している。	限られた情報源から、これまでに明らかになった考え方や研究内容を、何かしら紹介しているが、テーマとの関係が乏しい。	これまでの先行研究について示されていない。
研究方法と分析の視点	複数の研究方法や分析の視点から、目的とテーマにふさわしいいくつかの研究方法を用い、明確な分析の視点を示している。	複数の研究方法や分析の視点から、目的とテーマにふさわしい研究方法を用い、分析の視点を示している。	目的とテーマに沿った研究方法を用い、分析の視点を示している。	研究方法と分析の視点について、必要なポイントを捉えている。	研究方法と分析の視点について示されているが、必要なポイントが捉えられていない。	研究方法と分析の視点が示されていない。
分析	焦点に沿ってリサーチした内容を組織的にまとめ、類似点・相違点・重要な型（パターン化）の発見など様々な観点から検討している。	リサーチした内容を組織的にまとめ、類似点・相違点・パターン化など様々な視点から検討している。	リサーチで得られた情報をまとめ、類似点・相違点など何らかの法則性を検討している。	リサーチで得られた情報をまとめることができている。	リサーチで得られた情報を列挙しているが、まとめることができていない。	リサーチした内容をまとめられていない。
結論	リサーチから明らかになったことについて整理し、専門基礎知識（自分の専門分野の概念や枠組み）を効果的に用いて、論理的に説明できている。	リサーチから明らかになったことについて整理し、専門基礎知識を用いて論理的に説明できている。	リサーチから明らかになったことについて記述し、専門基礎知識をある程度用いて説明できている。	リサーチから明らかになったことについて記述し、専門基礎知識を用いて説明しようとしている。	リサーチから得られた情報についての記述はできているが、専門基礎知識を用いての説明はできていない。	リサーチから得られた情報の記述もできておらず、専門基礎知識も用いられていない。

図7-2　リサーチのルーブリックの例（濱名，2011）

意味もこめて、それぞれの手法を用いて「今のあなた」を教育評価してみてください。なるべく、自分のよいところをみつけてそれを伸ばそうという視点で。

　そういう視点で各手法を比較してみると、「何がみえるのか」、「何をみおとしてしまうのか」などを体感できると思います。また、各手法の長所短所を理解しておかないと、自信をもって評価できないことや、確信をもって誰かを評価するには、かなりの労力が必要なことなどもわかったのではないでしょうか。多忙を極める教員生活のなかで、教育評価に使える時間は無限ではありません。そうした制限のなかでどのような教育評価をくみあわせることが児童生徒のためになるのであろうかについても考える姿勢をもつようにしてください。

（久木山　健一）

課　　題

① あなたが受けてきてうれしかった教育評価について、本章の知識をもとに考察してください。

② 本章は小中高での教育評価をおもに説明していましたが、そこで学んだ知識をもとに大学での教育評価のありかたについて考察してください。

【文　　献】

濱名　篤　2011　中央教育審議会大学分科会大学教育部会（第 8 回）配付資料.（http://www.mext.go.jp/b_menu/shingi/chukyo/chukyo4/015/attach/1314260.htm）

本郷一夫・八木和成（編著）　2008　シードブック　教育心理学.　建帛社.

梶田叡一　2002　教育評価　第 2 版補訂版.　有斐閣.

文部科学省　2019　小学校、中学校、高等学校及び特別支援学校等における児童生徒の学習評価及び指導要録の改善等について（通知）.
　　http://www.mext.go.jp/b_menu/hakusho/nc/1415169.htm

田中耕治（編著）2002　新しい教育評価の理論と方法［Ⅰ］理論編.　日本標準.

田中耕治　2008　教育評価.　岩波書店.

8 教　　　師

はじめに

　小学校、中学校、高等学校、いずれの時期でもよいのでよい印象が残っている先生を思いだして、その先生がどんな先生だったかを下の空欄に書き入れてみてください。その先生はいつ教わった先生で、年齢や性別はどうだったか、担任だったか、それとも部活の先生だったかなどかなり具体的なところまで書いてみましょう。

```
（小・中・高）（　　　）年　（男性・女性）



```

　ここで思いだされた教師のイメージは、あなたが「どのような先生になればよいのか」という問いを考える重要な指標となります。しかし、ただ「あのような先生になりたいな」と思うだけではなれないこともまたたしかで、その先生がどのような点ですぐれているかを理論にもとづいて客観的に理解することが必要となります。

　次に、「その先生と現在の自分の違い」についても考えてみてください。どこが一番違うでしょうか、また、その違いを埋めていくにはいったい何をしていけばよいでしょう？　その問いに答えるのは難しいですが、その答えが何かを自分で考えてみないことには答えに近づけない問いであるのもまたたしかです。本章も参考にしてその問いについて考えてみるようにしてください。

❶　好まれる教師像

　久木山（2013）では、大学生を対象に調査をおこない、過去に教わった教師のうち印象のよかった教師をあげてもらい、SD 法を用いた印象評定への回答

を求めました。その結果、小学校に関しては、積極的であることや人がよいといった活動的な印象に関連した側面での評価が、また高等学校に関しては、慎重さや知的さなどの面での評価が重要となるという相違があることがみいだされました。このように、年齢が上がるにつれて活発さや元気さより知的な側面が評価されるように変化することは他の調査でも多くみいだされています。しかし基本的には小中高で好まれる教師像にそう大きな違いはなく、校種にかかわらず理想とされる教師像にはある程度一貫したイメージがあると考えられます（図8-1の実線）。なお、回答した大学生自身の自己像についても回答を求め、理想の教師像との違いについても検討した結果、ほとんどの項目において有意な差がみられており、大学生は理想の教師とは遠い存在として自己をイメージしているのがわかります（図8-1の点線）。

　しかし、そうした差があるものの、理想の教師と自身のイメージの得点の相

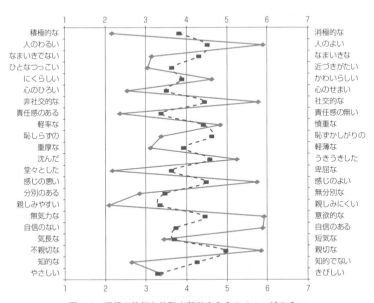

図8-1　理想の教師と教職志望学生自身のイメージの違い
（実線―理想の教師のイメージ、点線…学生自身のイメージ）

関係数は有意な正の相関を示すことが多く、理想の教師と同じような自身の印象をもつことが多いことも示されています。このことから、理想の教師像は現在の自分とまったく違った方向性のものではなく、自身を伸ばしていけば到達できる目標として理想の教師像が使われている可能性があるといえるのではないでしょうか。

❷ 教師のビリーフ

先の記述は、「大学生からみた理想の教師」の研究でした。では、「教師からみた理想の教師像」とはどのような役割を果たすでしょうか？　自身が理想の教師になれるよう努力することは重要ですが、理想の教師像に拘泥するばかりで現実をみられなくなったり、理想のもち方自体が間違っていたりするとどうでしょうか。

河村・田上（1997）は、こうした問題について**ビリーフ**という概念を用いて検討しています。ビリーフとは、人が感情をもったり行動を起こしたりするときにもつ信念や価値観とされます。ビリーフ自体は、教師が一貫した教育実践をおこなうために必要なものでありますが、絶対的で教義的な「〜ねばならない」といった**イラショナル・ビリーフ**になると、強迫的な行動や感情に結びつくことが**エリス**（Ellis, A.）の**論理療法**の理論をもとに指摘されています（Ellis, 1973）。また、教師のイラショナル・ビリーフと**スクール・モラール**との関係を検討した結果、イラショナル・ビリーフが学級の雰囲気、友だち関係、学習意欲のいずれのスクール・モラールも減少させてしまうことがみいだされています。

❸ リーダーシップ

先の節では、教師のもつビリーフが学級に影響をおよぼすことがあることを説明しました。信念や価値観でさえ学級に影響をおよぼすのですから、具体的

な教師がどのような接しかたをするかによって学級は大きく影響を受けます。教師は学級の児童生徒のさまざまな活動をよい方向に導いていくことが望まれていて、教師の導きかたの良し悪しは学級がうまくいくかどうかに大きく影響します。こうした現象について、教師を学級を率いるリーダーとしてとらえ、児童生徒をリーダーの指導にしたがうフォロアーとしてとらえて検討する**リーダーシップ**の研究が多くなされてきました。

　三隅（1977）はリーダーの備えておくべき特性について、**フォロアーに目標を提示しその実現に向けて叱咤激励などで導く P（Performance）機能**（目標達成機能）と、フォロアーの状況や気持ちに気を配り、集団が良好にまとまるように導く **M（Maintenance）機能**（集団維持機能）の２つに大別されるという PM 理論を提唱しました。表 8-1 に三隅（1984）による学校の教員、部活の主将、企

表 8-1　さまざまな P 機能、M 機能の例

	P 機能	M 機能
教員	勉強道具などの忘れ物をしたとき、注意する 忘れ物をしないように注意する 家庭学習（宿題）をきちんとするように厳しくいう 名札・ハンカチなど細かいことに注意する 児童の整理整とんなどを注意する 物を大切に使うようにいう 学級のみんなが仲良くするようにいう 自分の考えをはっきりいうようにいう きまりを守ることについて厳しくいう わからないことを尋ねたり、自分で調べたりするようにいう	児童の気持ちをわかる 児童と同じ気持ちになって、いっしょに考える えこひいきしないで、児童を同じように扱う 児童が話したいことをよくきく 勉強のしかたがよくわかるように教える 児童が誤りをおかしたとき、すぐ叱らず、理由をよくきく なにか困ったことがあるとき、相談にのる 勉強がよくわかるように説明する 児童と遊ぶ 学習中、机の間を廻って、ひとりひとりに教える
部活の主将	主将は自信に満ちた行動をとっていると思いますか 主将はクラブ全体をうまく統率していますか 主将はリーダーとして自覚ある行動をとっていますか 部員は主将を試合中頼もしく感じていますか 主将は技術面にすぐれていますか 主将は主将としてふさわしい実績をもっていますか	主将はクラブ全体の雰囲気をまとめようと気を配っていますか 主将は新入部員がクラブに溶けこめるように気を配っていますか 主将は一般部員の立場に立ってものを考えていますか 主将は部員を信頼していますか 主将は部員のトラブルの解決に努力していますか

	P機能	M機能
部活の主将	主将は練習を休んだ部員に厳しく注意しますか 主将は遅刻者に厳しく注意しますか	主将は新入部員勧誘に熱心でしたか 主将は道具・用具の管理に注意を払っていますか 主将は新入生の実技指導をよく見ますか
企業の上司	規則をやかましくいう 指示命令を与える 仕事量をやかましくいう 所定の時間までに完了するように要求する 最大限に働かせる 仕事ぶりのまずさを責める 仕事の進み具合についての報告を求める 目標設定の計画を綿密にたてている	仕事のことで上役と気軽に話せる 部下を支持してくれる 個人的な問題に気を配る 部下を信頼している すぐれた仕事をしたとき認めてくれる 職場の問題で部下の意見を求める 昇進、昇級など将来に気を配る 部下を公平にとり扱ってくれる

業の上司を対象とした測定尺度の例をあげるので、自分の知っている人をあてはめながらP機能とM機能について検討してみてください。

　PM理論では、P機能、M機能をそれぞれ単独で検討するだけではなく、2つの機能をくみあわせての検討もおこないます（図8-2）。

　P機能、M機能両方とも高い者はPM型、P機能のみ高い者はP型（Pm型ともよばれる）、M機能のみ高い者はM型（pM型ともよばれる）、両方低いものはpm型とよばれます。三隅・吉崎・篠原（1977）は教師のリーダーシップの4類型ごとで、集団の共通目標の実現のために努力しようとする意欲や士気を示すモラールがどのように異なるのかを検討しました（図8-3）。その結果、学級連帯性、学習意欲、規律遵守いずれにおいてもPM型の教師においてもっとも高く、pm型においてもっとも低いことがみいだされました。学校不満においてはPM型においてもっとも低く、pm型においてもっとも高いことがみいだ

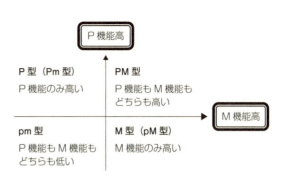

図8-2　P機能、M機能を組みあわせた4つのパターン

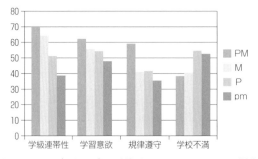

図8-3　リーダーシップの4種類とスクール・モラールの関連

されました。P型とM型の差に関しては、学習意欲に関してはP型とM型に大きな差はみられませんでしたが、学級連帯性に関してはM型のほうがP型より高く、また学校不満に関してはM型よりP型のほうが高いため、それらの結果をあわせて考えるとM型のほうがP型より望ましいとも考えられました。

　ただし、この結果は小学校の学級を対象とした調査をもとにみいだされた結果であり、学校種別や集団の目的などが異なれば求められるリーダーシップの種類も異なると考えられます。集団の特質を考えずに「M型のほうがよい」とばかり思いこむと、先にあげたイラショナル・ビリーフと同様の問題となってしまいますので、自身が担当する学級では何が必要であるかをそのときそのときごとに検討し、求められるリーダーシップを発揮できるようにこころがけることが重要だと思われます。

❹　ピグマリオン効果

　もう一度、自分にとって印象のよかった教師について思いだしてみてください。その先生は、あなたの可能性などを否定せずあなたのことを信じてくれて、期待していてくれたのではないでしょうか。そうした期待を感じたからこそ、自分自身も頑張ることができ、そのなかでよい結果をだせたからこそ先生への印象がよくなっていることも考えられます。

　こうした現象は、教師が児童生徒に対してもつ期待のポジティブな面を示していますが、これはまた教師が期待をもたないことによって児童生徒にネガティブな効果を与えてしまうことも意味しています。このように、教師が抱く期待

によって児童生徒に影響がで
ることを**教師期待効果**とよび
ます。

　教師期待効果に関する代表
的な研究者として、ローゼン
タール（Rosenthal, R., ローゼン
ソールとも）が存在します

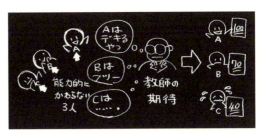

図8-4　ピグマリオン効果の図

（Rosenthal & Jacobson, 1968）。ローゼンタールは小学生を対象とした知能テスト
をおこなったうえで、担任に今後成績が伸びる子どもが誰であるかについての
情報を与えました。実際には、その子どもたちはランダムに選ばれた子であり、
成績が伸びるという根拠はありませんでしたが、その子どもたちの成績が実際
に上昇するという結果がでました。ローゼンタールはこの現象を、ギリシャ神
話をまとめた、オウィディウスの『変身物語（オウィディウス，1981）』のなかに
あるピグマリオンの挿話になぞらえて**ピグマリオン効果**とよびました。なお、
教師からの期待がまったくないために実力以上に成績がよくなることがなく先
行水準のまま維持されることを**維持効果**、「あいつはきっとダメだ」というよ
うなネガティブな期待が児童生徒において実現してしまうことを**ゴーレム効果**
とよぶこともあります（図8-4）。

　ローゼンタールの実験手続きの不備や、追試で同様の効果が得られなかった
こともあり、ピグマリオン効果を疑う立場も存在します。しかし、教師の期待
という頭のなかだけのものが実際の児童生徒に影響を与えうるという視点自体
は意識しておく必要があると考えられます。

❺　教師の児童生徒認知

　教師の児童生徒の認知の特徴を知るためには、講義が始まる寸前で受講学生
がほぼ席に座っているころに教卓より教室を眺めてみるとよいでしょう。携帯
やスマートフォンを操作している姿、他の時間の課題をしている姿、恋人同士

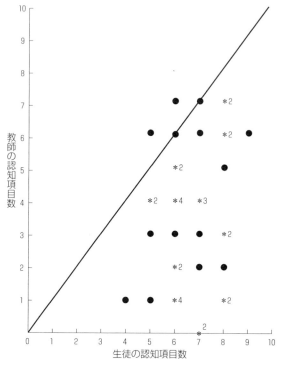

図8-5　教師のいじめ認知と生徒のいじめ認知のずれの図

〔注〕
1．＊印は複数学級であることを示し右はその学級数である。
2．教師用調査に未回収学級が3学級（小学校2学級、中学校1学級）あるため、41学級の結果である。

　で仲良く座っている姿……受講学生として教卓方面を眺めているときとはまったく違う視線でみると、意外と教室の問題行動自体はみえやすいことがわかるのではないでしょうか。

　教師の児童生徒の認知に関する研究の結果によると、問題行動などについての認知は比較的正確で、攻撃行動などを示す児童生徒が誰かなどについての情報は、仲間からの報告とそう変わらない認知ができることが示されています。

　しかし、教師の認知に限界があるのもたしかで、森田・清水（1986）によると、

教師のいじめの認知件数は学級の児童生徒が認知している件数を下まわり、いじめになかなか気づきにくいことが確認されています（図8-5）。また、引っ込み思案や内気な児童生徒に関しての認知にも問題があり、そのような児童生徒をいうことをよく聞くよい子であると判断して問題に気づけなかったり、大人の視点でみてしまったりするために、過剰適応などを示す児童生徒にも気づけない、などの問題も指摘されています。こうした問題の解決は困難ですが、自覚してこころがけることが重要です。

（久木山　健一）

課　　題

① はじめに書いた理想の教師について、本章の知識をもとに再考察してください。
② 自身が実際に教師になった場合、どのような教師になりそうであるかについて、本章で学んだ知識をもとに考察してください。

【文　　献】

Ellis, A. 1973 *Humanistic psychotherapy: The rational-emotive approach*. Julian Press. 澤田慶輔・橋口英俊（共訳）1983　人間性主義心理療法：RET 入門.　サイエンス社.

河村茂雄・田上不二夫　1997　教師の教育実践に関するビリーフの強迫性と児童のスクール・モラールとの関係.　教育心理学研究, 45, 213-219.

久木山健一　2013　理想の教師像と学生の自己像の関連についての研究　―教職課程の学生に向けた社会的スキル・トレーニング法開発の試み―.　九州産業大学国際文化学部紀要, 54, 153-163.

三隅二不二　1984　リーダーシップ行動の科学.　有斐閣.

三隅二不二・吉崎静夫・篠原しのぶ　1977　教師のリーダーシップ行動測定尺度の作成とその妥当性の研究.　教育心理学研究, 25, 157-166.

文部科学省　2013　教職員のメンタルヘルス対策検討会議の最終まとめについて.（http://www.mext.go.jp/b_menu/shingi/chousa/shotou/088/houkoku/1332639.htm）

森田洋司・清永賢二　1986　いじめ―教室の病.　金子書房.

オウィディウス（著）中村善也（訳）1981　変身物語〈下〉第15刷版（岩波文庫）岩波書店.

Rosenthal, R. & Jacobson, L. 1968 *Pygmalion in the classroom: teacher expectation and pupils' intellectual development.*   Holt, Rinehart and Winston.

都丸けい子・庄司一子（2005）．生徒との人間関係における中学校教師の悩みと変容に関す
　　る研究．　教育心理学研究, **53**, 467-478.

コラム5　教職員のメンタルヘルス

　教育には児童生徒との人格的なふれあいが必須であり、そのため教職員は心身
ともに健康で教育に携わることが重要とされます。しかし、文部科学省がおこなっ
た公立学校教職員の人事行政状況調査結果によると、平成 4 年度に 1111 人だっ
た精神疾患による休職者は、平成 14 年度には 2687 人、平成 23 年度には 5274 人
と上昇を続けています（文部科学省, 2013）（図）。

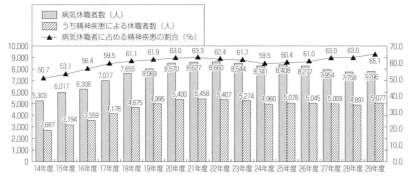

図　教員の病気休職者数

　年代では、40、50 歳代以上が多く、学校種別では中学校、特別支援学校が多
いとされています。校内での役割ごとにわけると、校長は学校経営や保護者対応
にストレスを感じることが多く、副校長・教頭は業務量、書類作成、学校経営、
保護者対応にストレスを感じることが多いといわれています。そして、教諭など
は生徒指導、事務的な仕事、学習指導、業務の質にストレスを感じると報告され
ています。都丸・庄司（2005）は教師が生徒との人間関係においてどのような悩
みを体験するかについて検討しました。その結果、意思疎通の難しさや関係のつ
くりにくさのため、生徒をわずらわしく感じてしまうなどの「生徒への抵抗感」、
担任するクラスをうまくまとめられないなどで生徒への指導に自信がもてない「指

導上の困難感」、生徒との距離がうまくとれなかったり避けられたり嫌われたりする「生徒からの非受容感」、生徒との関係がつくれず、生徒が心をひらいてくれない「かかわり不全感」などが存在することが確認されました。

　こうした教員のストレスの軽減には、教職員間の良好な人間関係が重要となり、上司と相談しやすい雰囲気、職場を離れた同僚等とのコミュニケーションの確保が有効と考えられています。しかし、昭和41年度の調査では約8時間であった残業時間は、平成18年度では平日で34時間、休日で8時間と増加していることが先の文部科学省の調査で報告されており、職場での十分なコミュニケーションをとる余裕自体がなくなっていると考えられます。また、職場の雰囲気やコミュニケーションのとりかたについて、校長などの管理職と教諭などとの間で認識のギャップがあることも報告されており、問題解決が困難であることがうかがえます。

　こうした制度上の問題は、問題があるからといってすぐに改善がなされることは滅多になく、改善のために個人ができることもあまりないのが現状です。むしろ「自分がダメだから頑張らねば」と自分の責任ばかり考えてしまうことで問題がより悪化することも多いです。しかし、だからといって「しかたない」と放置していては問題の改善の可能性がないのもまたたしかです。制度の問題の改善には制度の理解が必要不可欠なので、学生の間にできることとして教育制度論の教科書などをじっくり読みこみ、自身のこととして考えてみることより始めてみてはいかがでしょうか。

（久木山　健一）

9 仲間関係

はじめに

まず、以下の図9-1にしたがって、各時代で一番仲のよかった友だちについてふりかえってみてください。

幼稚園・保育所などの時代	☺	名前	仲のよかった理由
小学校低学年の時代	☺	名前	仲のよかった理由
小学校高学年の時代	☺	名前	仲のよかった理由
中学校時代	☺	名前	仲のよかった理由
高校時代	☺	名前	仲のよかった理由

図9-1　友だちについてのふりかえり用ワークシート

おそらく、各時代で仲のよかった友だちに変化がある人が多く、仲のよかった理由にも変化がみられると思います。これは、発達にしたがって仲間関係のありかたも変化することを意味しています。本章では、各発達段階での仲間関係の特徴について概観していきたいと思います。

❶ 幼児期の遊びの発達

親との関係が主であった乳児期から幼児期に入ると、子ども同士の遊びも始

まります。どのように、ひとりではなく仲間と一緒に遊べるようになっていくのでしょうか？

パーテン（Parten, 1932）は、5歳になるまでの幼児の遊びの観察結果をもとに、ひとり遊びから集団での遊びができるようになるまでを6つの発達段階に分類しました。第1段階は**まだ遊びとはいえない段階**で、何かに専念して遊ぶことはできませんが、何か興味があることが起きたらそれに専念したり、そういうものがなければ自分の体で遊んだり、椅子に昇ったり降りたりして活動はしている段階といえます。第2段階は、**ひとり遊び**の段階で、子どもは自分のおもちゃを使ってひとりで遊び、話しかけられる範囲に他の子どもがいてもとくに頑張って近づこうとはしない段階です。第3段階は**傍観**の段階であり、他の子どもの遊びをみて大半の時間を過ごすようになります。みている相手に話しかけたり何かを提案したりはしますが自分自身がその遊びに入ることはありません。第4段階は**平行遊び**とよばれ、子どもはそれぞれ独立して遊びはしますが、まわりの子どもと自然と調和した遊びをします。たとえば、まわりの友だちが使っているのと同じようなおもちゃで遊びはするものの、ほかの子どもの遊びに変化を与えようとしたりはしません。第5段階は**連合遊び**とよばれ、遊びの内容に関して話しあったりおもちゃの貸し借りをしたりしながら、みなで同じような活動をともにすることができますが、役割分担や目的達成への組織的な動きなどはみられません。第6段階は**協同もしくは組織化された遊び**とよばれ、なんらかの目的をもって組織的に遊ぶことができるようになります。そこにはリーダーがいたり、仕事や役割の分担などがみられたりするようになります。

❷　学級集団の把握法：ソシオメトリックテスト

幼児期から児童期になって小学校に通い始めると、仲間関係がおこなわれるおもな場所は家庭から学校に変化します。そのため、これまでの教育心理学では学級内での仲間関係を知ることに大きな関心が払われてきました。学級内の仲間関係を理解する方法のうち、報告による方法としては、**自己報告、教師報**

告、**仲間報告**の 3 つがあげられます。自己報告とは、児童本人に仲間関係について聞く方法です。しかしこの方法でいじめなど学級内の仲間関係の問題について知ろうとしても、「いじめられていることを知られるのは恥ずかしい」、「友だちがいないことを知られたくない」などの社会的望ましさにかかわる心理が働くことで回答にゆがみがでることが指摘されています。また、自分の悪いところを認識できない児童も多くみられることにより、報告の信頼性に欠けることが問題点としてあげられます。

　教師報告は、学級についての教師の日ごろの観察結果をもとに学級について理解する方法です。この方法には、攻撃的な子どもの理解は可能であるが引っ込み思案の子どもの理解が難しいという問題点や、大人の視点で子どもをみてしまう問題点に加えて、教師の目の届かない場所での関係性の理解ができない、などの問題点が存在します（第 8 章 pp.107-109 参照）。

　上記のような問題点をカバーする方法として、仲間報告が考えられます。仲間報告をもとにした学級集団の理解法の代表的なものとして、**ソシオメトリックテスト**が存在します。ソシオメトリックテストは、**モレノ**（Moreno, J. L.）が主張した相互人間関係の量的研究をおこなうソシオメトリー理論の代表的な手法です。日本では、モレノの手法をもとに田中（1964）が多くの検討をおこなっています。その手続きとしては、まず「一緒に遊びたい人は誰ですか？（選択）」、「一緒に遊びたくない人は誰ですか（排斥）」といった質問項目で、3 人までなどの人数制限をつけて仲間の名前をあげてもらいます。なお、「一緒に遊びたくない」といったネガティブな質問に答えることは倫理的な問題があることや回答する側の心理的な負担が大きいなどの指摘もあるため、現在では、排斥関係を尋ねることは実際にはなされないことがほとんどとなっています。代替案として、児童生徒の名前の一覧をあげたうえで「1. 一緒に遊びたくない」から「5. 一緒に遊びたい」などの評定尺度で測定し、1 に評定された者を排斥関係にあるとするなどの手法も存在しますが（たとえば、Asher & Dodge, 1986）、選択関係のみの測定でもソシオメトリー的な理解が可能なこともあり、排斥に関しては測定しないほうがよいと考えられます。

指名による回答をもとに、「選択をした―選択をされた」の対応関係を表にしたものは構造マトリックスとよばれます（図9-2）。そして、構造マトリックスをもとに、成員同士の選択―被選択の関係を矢印で図示して整理したものを**ソシオグラム**とよびます（図9-3）。

　ソシオグラムは、図9-3に例にあげたように人数が少ない場合はわかりやすいのですが、人数が多い場合は図が複雑になり理解が困難になりやすいです。そのため、狩野・田崎（1990）は、上記の複雑さの欠点を解消し、より学級集団を視覚的に理解しやすくしたコンデンセーション法という表現法を考案しています（図9-3）。

　なお、モレノは、目的をはっきり確認し配慮を払ったうえでおこなったもの

→ 被選択

↓選択

	A	B	C	D	E	F	G	H	I	J	K	L	M	N	O	P	Q	R	a	b	c	d	e	f	g	h	i	j	k	l	m
A		◎	◎																												
B	◎																														
C	◎			○																											
D					◎	◎		○																							
E				◎		◎	◎																								
F				◎	◎																										
G				○	◎																										
H									◎	◎																					
I								◎		◎																					
J								◎	◎		○																				
K										○																					
L		○											◎																		
M												◎				◎															
N		○													◎	◎															
O		○												◎			◎														
P							○								◎		◎														
Q															◎	◎															
R																○															
a																				◎	◎	◎									
b																			◎		◎										
c																			◎	◎											
d																			◎	◎											
e																			○								○				
f																									◎	◎					
g																								◎		◎	◎		○		
h																								◎	◎		◎				
i																									◎	◎		◎			
j																										◎	◎				
k																											○				
l																			○												◎
m																														◎	

◎は互いに選択しあう相互選択、○は片方からのみの選択である。

図9-2　ソシオメトリック・テストによる構造マトリックスの例

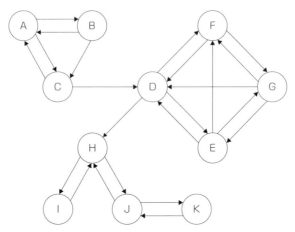

図9-3 ソシオグラムの例（図9-2の一部をソシオグラムで描画したもの）

をあたたかいソシオメトリー、学術目的のみに使用される使いかたを冷たいソシオメトリーとよび、冷たいソシオメトリーの使用は望ましくないと指摘してもいます。

❸　ソシオメトリック地位

　ソシオグラムやコンデンセーション法による図示をすることで、学級の誰と誰が仲がよいかなどの仲間同士の関係性を全体的に理解することは可能になります。しかし、誰が学級のなかで人気があるかや、逆に誰が人気がないのかの分類をする場合、図をみているだけでは明確にわからない欠点もあります。そのため、Coie, Dodge, & Coppotelli（1982）はソシオメトリックの指名法より、選択数と排斥数の標準点をもちいた2次元でクラスの成員を分類する手法を開発し、それをソシオメトリック地位とよびました。以下に計算式およびそこから理解できるソシオメトリック地位の具体例をあげます。

　　社会的好み度（SP）＝選択点（L）－　排斥点（D）

社会的影響度（SI）＝選択点（L）＋　排斥点（D）
　　人気児　：SP ＞ 1, L ＞ 0, D ＜ 0……多くの子どもから選択される
　　拒否児　：SP ＜ － 1, L ＜ 0, D ＞ 0……多くの子どもから排斥される
　　無視児　：SI ＜ 1, L ＜ 0, D ＜ 0……選択も排斥もされない
　　敵味方児：SI ＞ 1, L ＞ 0, D ＞ 0……選択も排斥も多い
　　平均児　：－ 1 ＜ SP ＜ 1, － 1 ＜ SI ＜ 1……平均的なもの

　人気のある子、仲間から無視されてしまう子などを、科学的に理解できる利点はありますが、そうした情報で現実をみられなくなる欠点も考えられることは忘れないでください。

❹　ゲスフーテスト

　ソシオメトリックテストで人気のある児童生徒がわかったとしても、その人気の理由が何であるかについてまではわかりません。学級のなかでリーダーをしていて人気のある子もいれば、面白いことを言って笑わせるから人気のある子もいるでしょう。そのようなことを理解するために、学級内の仲間関係を役割から検討し、学級内での役割について直接的に指名を求めて整理する手法として、**ゲスフーテスト**があります。これは、「あなたのクラスでみんなを引っ張っていく人は誰ですか？」などの具体的な役割にもとづく質問を用意し、その指名数をもとに学級集団内ではたしている役割を理解するものです。

❺　学級集団の発達

　教師のリーダーシップとスクール・モラールには関連がみられましたが、その関連は学級開きから始まる教師と生徒の長い相互作用の結果形成されるものです。根本（1991）は、学級集団の心理的結合の強化、集団の分化の進展、集団機能の高まりといった学級集団の発達のプロセスについて説明しています。

表 9-1　学級集団の発達段階の要約

段　階	第Ⅰ段階　個人的属性間の葛藤の段階		第Ⅱ段階
下位段階	第1期　探索期	第2期　小集団形成期	第3期　教師対子ども葛藤期
生じる特徴的な行動や問題	すでに形成されている友達関係を足場にしながら、手近かな成員との表層的なつき合いを試みる。	他成員との関係において「地」を出し始め、新たな友達関係ができ、優劣を決めるものとしてのケンカやこぜりあいが生じる。	下位集団の中での安定を支えとして、教師の指導や諸活動に対し、あからさまな評価の表明や反抗が生じる。
成員の主要な関心	教師、他成員および教室の基本的なルールを知ることによる安心の確保。	自分の欲求が満足される安定した友達関係を形成すること。	教師の指導や活動内容への評価。教師や下位集団・学級集団の成員から認められることによる安定の強化や自尊の向上。
主導的な成員	不安の低い成員	支配欲求の強い成員	優越欲求、顕示欲求の強い成員、怠惰な成員
成員間の関係	同じクラスなど以前同じ集団に属していた成員同士の下位小集団の群居。	人格的要因に基づく新た友達関係が形成され、下位集団の大きさが増す。	下位集団の規範が明確化し、結束が強化される。公的要請に反する欲求で結ばれた下位集団と、そうでない下位集団とがしだいに明確になる。
教師との関係	不安解消のための「教師への依存」	成員間の安定した関係を築くための「教師への依存」	子どもは教師との関係においても「地」を出すようになるので、「教師との葛藤」が多くなる。
次の段階へすすめるための指導のポイント	自由なコミュニケーションの保証と学級の基本的なルールの明確化による不安の軽減。	公的要請に反する規範を持つ強固な下位集団の形成に対処すること。	子ども達の信頼を獲得しながら、豊富な遊びなどを通して積極的に活動リーダーを育てること。

公的要請と個人的属性との葛藤の段階		第Ⅲ段階　公的要請内での葛藤の段階	
第4期　教師・子ども対子ども葛藤期	第5期　子ども集団対子ども集団葛藤期（前期）	第6期　子ども集団対子ども集団葛藤期（後期）	第7期　個性的葛藤期
教師のみでなく、教師に支えられた積極的なリーダーが他成員に働きかける。ボス的な成員を中心にして、このリーダーシップに対抗する行動が生じる。	教師が前面に出なくても、リーダー群が積極的に集団活動をリードする。リーダー群への感情的反発や学級活動への反抗・無視などが生じる。	ほとんどすべての成員が公的要請に添って活動するようになり、ますます多くの成員が積極的にリーダーシップをとろうとする。より良い活動にするためのリーダーシップ争いなどが生じる。	必要に応じ、あらゆる成員がリーダーシップをとる。対立は、認識の深浅、価値観、個性の違いによるもののみとなる。
活動の内容や活動の進め方およびリーダーに対する評価、教師や下位集団・学級集団の成員から認められることによる自尊の向上。	活動内容や活動の進め方およびリーダーに対する評価。学級集団の成員から認められることによる自尊の向上。	活動において積極的役割を果すことによる自尊の向上。	諸活動を通しての自己実現
積極的なリーダー、ボス的成員ないし「しらけた」成員。	リーダー群、ボス的成員ないし「しらけた」成員。	多くのリーダー的成員	広い視野と深い洞察力を持つ成員。
下位集団間の統合がすすみ、前段階で明確になった2極分化が一層進行する。公的要請を受容する規範を持つ下位集団の影響力がしだいに大きくなる。	公的要請に添って積極的に活動する規範を持った下位集団の力がしだいに大きくなる。公的要請に反する規範を持つ下位集団の力は、ますます小さくなる。成員全員の親密さが強まる。	公的要請に反する行動はもはや影響力を持ち得ない。成員全員の親密でフランクな関係が成立しているので、下位集団に排除的な性質は存在しない。	公的要請に反する行動に価値を見出す成員は、もはや存在しない。成員は自己および他成員の成長の為に協力し合う。
教師との葛藤が、リーダーと他成員との葛藤として現れる場面がでてくる（「教師からの自立の芽ばえ」）。	教師との直接の葛藤として現れることは少なくなり、代りにリーダー群とリーダーシップに反対する成員との葛藤として出現する（「教師からの自立の進行」）。	教師との直接の葛藤として現れることはますます少なくなる。多くの学級活動は教師の直接の指導がなくても進行する。（「教師からの自立の進行」）	学級活動は教師の指導なしに進行し、困難な場合にのみ教師が相談にのる。教師の指導は教科指導に集中される。（「教師からの自立の進行」）
充実した楽しい集団活動により、自主的な集団活動の仕方を学習させ、主体的な活動に価値をおく規範を確立すること。このなかで積極的にリーダーとして活動する成員をふやすこと。	充実した楽しい集団活動により、価値ある目標を集団として追求する規範を確立すること。	論理、個性を徹底的に重視しつつ、より高い価値を追求する規範の確立。	

第Ⅰ段階「個人的属性間の葛藤の段階」は学級集団が新たに編成されてしばらくの間の段階であり、教師を知り、友達との安定した関係を気づくことに子どもたちの主要なエネルギーが向けるとされます。そのため、教師に対するあからさまな反抗は控えられ、教室での主要な問題は子ども同士のトラブルとして生起するとされます。第Ⅰ段階はさらに２つの下位段階に分かれ、第１期「探索期」では教師、他の子ども、新しい教室での行動のルールのいずれも未知である不安の中、それらを知ることが課題となる時期とされます。第２期「小集団形成期」では、ある程度の安心を得たあとで、自分の欲求がみたされるような仲間関係を構築し、子どもは「地」を出せる欲求、興味、遊びの傾向の類似などで結合した小集団を形成しはじめます。

　第Ⅱ段階「公的要請と個人的属性との葛藤の段階」では、学級のなかで諸欲求を満足させようとする力と公的要請を達成しようとする力とのぶつかり合いによる葛藤がみられます。第Ⅱ段階はさらに３つの下位段階に分かれ、第３期「教師対子ども葛藤期」の子どもたちの関心は、仲間や教師などに認められることによる承認欲求、優越欲求、自尊欲求などを満足させることに向けられます。また、教師やその学級経営のやり方などへの評価が行われ、評価の良しあしによって公的要請へ従順な群と反抗をしめす群などの下位集団がみられるようになります。教師は子どもの自主性と自治能力の発達を促すため、教師への依存が残るこの時期より、教師に代わって集団をリードするリーダーの育成が求められます。第４期「教師・子ども対子ども葛藤期」では、第３期で育成されたリーダーが教師とともに公的要請にそった力を発揮する時期とされます。「教師・リーダー・支持する子どもたち」対「それに対抗する子どもたち」という図式が主になり、優れた指導力を持つリーダーが存在する場合は学習と活動が活発になされるようになりますが、それは教師とリーダーへの依存が高まっている状態ともいえるため、すべての子どもがリーダーシップをとりうるような働きかけを教員が行うことで、すべての子どもの主体性と自立性を育てることが求められます。

　第５期と第６期はそれぞれ「子ども集団対子ども集団葛藤期」の前期と後期に該当します。いずれにおいても、教師と子どもの葛藤が出てくることは少な

くなり「リーダー群とそれを支持する子どもたち」対「リーダー群のリードに対抗する子どもたち」という葛藤が多くなり、その葛藤の質により前期と後期が分かれるとされます。前期にあたる第5期では、公的要請にそう方向の力と、公的要請に反する方向の力との葛藤の時期であり後期にあたる第6期では、基本的にすべての子どもが公的要請にそう形で活動し、公的要請の枠内での葛藤が主要な葛藤となる段階であるとされます。

　第Ⅲ段階「公的要請内での葛藤の段階」では、大人数の子どもが公的要請を基本的に受け入れるようになり、学級内での主要な葛藤は公的要請と個人的属性間の葛藤ではなく、公的要請内での個人的属性間の葛藤となっていきます。第Ⅲ段階は2つの下位段階に分かれ、第6期は「子ども集団対子ども集団葛藤期（後期）」になります。学習と活動に対して主体的・積極的に集団として取り組む規範が確立されたあとでは、クラスの中で認められるためには積極的に活動に関与することが求められ、それが可能な者の自尊心は高められる一方、公的要請に反する行動を頻繁に行う子どもや下位集団は学級のなかで孤立していきます。そして最終的に到達する段階は、第7期「個性的葛藤期」と呼ばれ公的要請に反する行動に価値を見出す子どもはもはや存在しなくなります。そしてそれぞれの子どもが自分の進度に応じた学習計画を立て、教室や家庭でも自主的に学習を進めて行けるようになり、関心の中心は自己実現をはかることになっていくとされます。

　ここまでにあげられた発達の過程は平坦なものではなく、教師の指導の手を緩めれば前段階に逆行してしまうとされています。そのため、教師はそれぞれの発達段階に応じた楽しく充実した学級活動を豊富に組織することにより、すべての子どもに自己価値観を実感させ、活動意欲を誘い出し、必要な社会的技能を獲得させる指導が要求されること指摘されています。

❻　ギャング集団

　ここまでは、学級の仲間関係の把握法について書いてきました。しかし、小

学校の高学年になってくると、学級の仲間関係だけをみていてはとらえられない仲間関係の量が増えてきます。親や教師に秘密の遊びなどをしたり、秘密基地などをつくったりした記憶のある人も多いのではないでしょうか。このような時期に特有の仲間集団の形態として、**ギャング集団**をあげることができます。また、ギャング集団を形成する時期を**ギャングエイジ**とよんだりもします。中村（1995）によると、ギャング集団とは徒党集団ともよばれる学童期の中高学年期にみられる特殊な仲間集団のことで、以下のような特色を有するとされています。

---

①同性からなる集団である、②人数はだいたい5，6名であることが多い、③それ以前の年齢段階の集団に比べて高度に組織化されている、④親や教師など成人の目を避け、その干渉を逃れようとし、仲間内だけの秘密の場所をもつ、⑤共有財産をもち、仲間だけに通用する隠語や約束・ルールを作り、それを固く守ろうとし、所属への誇りや集団への忠誠心が存在する、⑥仲間以外に対しては、閉鎖的、排他的、抵抗的であり、時に他の集団との競争などが生じる、⑦集団内に固有の価値・文化体系をもち、その価値・文化は大人の既成文化に対立することが少なくないため、単独ではしないような非行さらには乱暴や破壊的行動をとることがある。

（中村（1995）によるギャング集団の特徴）

上記のような内容と「ギャング」という名称より、ネガティブなイメージを強くもたれるかもしれません。しかし、こうした集団での活動のなかで、役割経験や集団責任の経験、大人からの独立の成功による自立心の育成などが実現し、それを通じてより高度に社会性を充実させていくことも指摘されています。しかし、現代はギャング集団経験が減少しており、そのため現代の青年は対人技能の習得の面で不十分になってしまっているという指摘も多く存在します。

❼　青年期の仲間関係

　小学生のころまでの友だち関係が、遊びを目的とした仲間集団だとすると、青年期以降の友だち関係は友だちとの関係自体の意味、および関心が高まる時期といえます。そのため、青年は自分の友だち関係についていろいろとふりかえって考え、悩み、みつめ直すことでさまざまな形態の友だち関係を結ぶことになります。

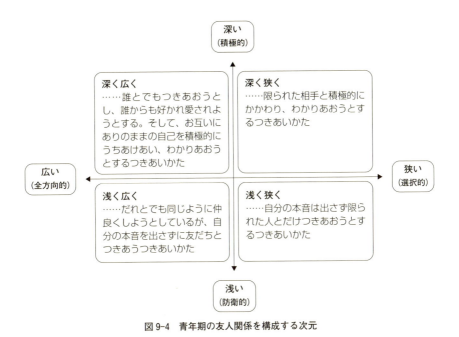

図 9-4　青年期の友人関係を構成する次元

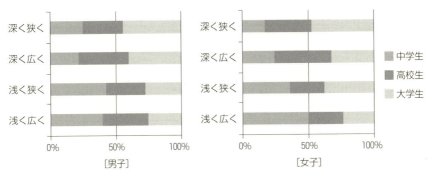

図 9-5　青年期の友人関係の形態の男女での違い

　落合・佐藤（1996）は、青年期の友人関係を構成する次元として、友だちと積極的に関与しようとする「深い」次元と、友だちとの関与を避け防衛的になる「浅い」次元を両端とする「人とのかかわりかた」の次元を設定しました。また、全方向的に誰とでも仲良くしようとする「広い」次元と、特定の友だち

と選択的につきあおうとする「狭い」次元を両端とする「人とのかかわりかた」の次元を設定しました。この二次元をくみあわせることで、誰とでも同じように仲良くしようとしているが、自分は本音をださずに友だちとつきあう「浅く広く」、自分の本音はださず限られた人とだけつきあおうとする「浅く狭く」、誰とでもつきあおうとし、誰からも好かれ愛されようとする「深く広く」、限られた相手と積極的にかかわり、わかりあおうとする「深く狭く」の4つのパターンに友人関係を類型化することができます（図9-4）。

　そして、男女を合わせてみると、中学生では「浅く広く」かかわるつきあいかたが多いのに対して、高校生では「深く広く」のつきあいかたが多くなり、大学生では「深く狭く」というつきあいかたが多いことがみいだされています。しかし、男女を別に検討してみるとまたその様相が異なることも確認できます（図9-5）。

（久木山　健一）

課　　題

① あなたのこれまでの友人関係を教科書の記述をもとにふりかえり直してみてください。
② 社会的スキル得点よりわかったあなたの現在の社会性が、過去の自身の仲間関係とどのようにむすびついているかについて、教科書の記述を参考に考察してください。

【文　　献】

Asher, S. R. & Dodge, K. A. 1986 Identifying children who are rejected by their peers. *Developmental Psychology*, **22**, 444-449.

Coie, J. D. & Dodge, K. A. & Coppotelli, H. 1982 Dimensions and types of social status: A cross- age perspective. *Developmental Psychology*, **18**, 557-570.

狩野素朗・田崎敏昭　1990　学級集団理解の社会心理学．　ナカニシヤ出版．

菊池章夫　1988　思いやりを科学する　―向社会的行動の心理学と社会的スキル―．　ナカニシヤ出版．

菊池章夫（編著）　2007　社会的スキルを測る：KiSS-18ハンドブック．　川島書店．

中村雅彦　1995　教師と子どもの関係　小石寛文（編）　児童期の人間関係（人間関係の発

達心理学3）．培風館．

根本橘夫　1991　学級集団過程の規定要因と学級集団の発達段階に関する試論．　心理科学，
　　13, 30-41.

落合正行・佐藤有耕　1996　青年期における友達とのつきあい方の発達的変化．　教育心理
　　学研究，**44**, 55-65.

Parten, M. B.　1932　Social participation among pre-school children. *Journal of Abnormal
　　and Social Psychology,* **27**, 243-269.

田中熊次郎　1964　ソシオメトリーの理論と方法　―人間教育の社会学的基礎技術の研究―．
　　明治図書出版．

コラム6　あなたの対人関係能力の高さは？

　本章では、幼児期から高校生の時代までの仲間関係について、おもに社会性の視点から順にみてきました。では、大学生であるあなた自身の社会性はどの程度のものでしょうか？　社会性のうち、とくに対人関係能力に着目する概念として**社会的スキル**（ソーシャルスキル）があり、近年注目を集めています。社会的スキルを得点化する手法として、現在日本でもっとも使用されている菊池（1988）によるKiSS-18を実際に体験して、あなたの社会性の現状を確認してみましょう。以下の18項目それぞれに、5点満点で回答し、その合計得点をだしてみてください。

いつもそうでない／たいていそうでない／どちらともいえない／たいていそうだ／いつもそうだ

1．他人と話していて、あまり会話が途切れないほうですか。・・・・・・・・・・・・・1・2・3・4・5
2．他人にやってもらいたいことを、うまく指示することができますか。・・・・・・・1・2・3・4・5
3．他人を助けることを、上手にやれますか。・・・・・・・・・・・・・・・・・・・・・・・・・・・1・2・3・4・5
4．相手が怒っているときに、うまくなだめることができますか。・・・・・・・・・・・・1・2・3・4・5
5．知らない人とでも、すぐに会話が始められますか。・・・・・・・・・・・・・・・・・・・・1・2・3・4・5
6．まわりの人たちとの間でトラブルが起きても、
　　それを上手に処理できますか。・・・・・・・・・・・・・・・・・・・・・・・・・・・・・・・・・・・・1・2・3・4・5
7．こわさや恐ろしさを感じたときに、それをうまく処理できますか。・・・・・・・・1・2・3・4・5
8．気まずいことがあった相手と、上手に和解できますか。・・・・・・・・・・・・・・・・1・2・3・4・5
9．仕事（勉強）をするときに、何をどうやったらよいか決められますか。・・・・1・2・3・4・5
10．他人が話しているところに、気軽に参加できますか。・・・・・・・・・・・・・・・・・1・2・3・4・5
11．相手から非難されたときにも、

それをうまく片付けることができますか。……………………………… 1・2・3・4・5
12. 仕事（勉強）の上で、どこに問題があるか
すぐにみつけることができますか。………………………………… 1・2・3・4・5
13. 自分の感情や気持ちを、素直に表現できますか。……………………… 1・2・3・4・5
14. あちこちから矛盾した話が伝わってきても、うまく処理できますか。… 1・2・3・4・5
15. 初対面の人に、自己紹介が上手にできますか。………………………… 1・2・3・4・5
16. 何か失敗したときに、すぐに謝ることができますか。………………… 1・2・3・4・5
17. まわりの人たちが自分とは違った考えを
持っていても、うまくやっていけますか。………………………… 1・2・3・4・5
18. 仕事（勉強）の目標をたてるのに、あまり困難を感じないほうですか。…… 1・2・3・4・5
注）大学生に使用できるように、仕事に（勉強）の追加をおこなっている。

　菊池（2007）によると、合計得点の平均および標準偏差は、表のようになって
います。

表　社会的スキル得点の平均値、標準偏差

	平均値	標準偏差
成人男性	61.82	9.41
成人女性	60.10	10.50
大学生男子	56.40	9.64
大学生女子	58.35	9.02

$$偏差値 = \frac{あなたの得点 - 平均点}{標準偏差} \times 10 + 50$$

うえにあげた偏差値の計算式に自身の該当する得点、平均点、標準偏差を代入して偏差値を計算してみてください。あなたの社会的スキルは、平均と比べてどのようなものだったでしょうか？

　社会的スキルの不足への取り組みとして、社会的スキルトレーニング（Social Skills Training、SST）という手法が開発され、さまざまな場面で実践されています。学校においてもさまざまな SST の実践がおこなわれており、佐藤・佐藤（2006）では、攻撃的、引っ込み思案、学習障害、ADHD などの子どもへの SST の実践や、SST によるいじめ、不登校、学校ストレス、摂食障害などへの対応が報告されています。 （久木山　健一）

【文　　献】

菊池章夫　1988　思いやりを科学する．川島書店．

菊池章夫　2007　KiSS-18　研究の現況　菊池章夫（編著）　社会的スキルを測る．川島書店．

佐藤正二・佐藤容子　2006　学校における SST 実践ガイド　―子どもの対人スキル指導―．金剛出版．

10 パーソナリティ

はじめに

図 10-1 は、他者とのコミュニケーションにおけるさまざまな自己の側面をわかりやすく図示したものでジョハリの窓とよばれています。まずは、右の図10-1 をもとに、自分の開放している部分、秘密にしている部分を考えてみてください。

"人からは明るく思われているが、実は暗いのを隠しているだけだ。"などと自分の表の性

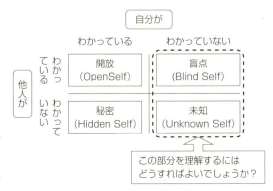

図 10-1　ジョハリの窓

格と裏の性格の違いなどについて理解が深まったのではないでしょうか？　しかしそれらは主観的で根拠のないものだという問題があるため、これまで主張されてきた性格の理論にもとづいてとらえ直すことで、より客観的な理解をめざすのも重要でしょう。

では、性格の理論を学んで自分の性格を深く理解すれば十分なのか？　と問われると、それでは自分のわかっている部分について科学的にみなおしただけにすぎないことも上の図より明らかです。自分が気づくことができない盲点や未知の自分もたしかに存在していて、えてして対人関係のトラブルなどを生みだすのは、自分がわかっていないそれらの性格によることが多いのです。そこで心理学では、そうした部分についての理解もめざす道具として性格テストを作成してきました。そこで本章では性格の理論を学び、性格テストの種類などについて学びましょう。

❶ パーソナリティとは？

　性格に対応する英語の単語は何かと聞かれると、ほとんどの人は character と答えるでしょう。しかし、英語での character は道徳的・倫理的な価値観をともなうことが多く、価値観を除いたその人なりの性格を言い表すときは personality を使用することが多いとされています。また、日本語の性格という言葉では、性格そのものへの関心のみを意味するのに対して、personality という単語は心理面以外の身体面や感情面なども含んだより範囲の広い概念となっています。そのため本章では、性格という言葉ではなく**パーソナリティ**という用語を使い論をすすめていくことにします。

　また、性格と似た言葉として**気質**（temperament）という言葉もありますが、これは生まれたときからもっている遺伝的な要因による個人差のことで、形成されてくるパーソナリティの基礎となるものでありますが、パーソナリティそのものとはまた別のものとなります。パーソナリティという言葉は非常に抽象的な言葉であり、たとえばパーソナリティーに関する**オールポート**（Allport, G. W.）の著作では 50 にもおよぶ定義が紹介されています（Allport, 1937）。上記の定義を概観した後、オールポートは最終的に「個人の内部で、環境への彼特有な適応を決定するような、精神物理学的体系の力動的機構である」とパーソナリティを定義しています。たとえば、クラスの代表に選ばれたとき、A君は喜んで頑張ったが、B君は恥ずかしがって頑張れなかったという状況を考えるさいに、「A君は明るい人だから」、「B君は暗い人だから」などと個人のなかにあるものにその理由を求めることが多いと思いますが、これはパーソナリティ的なとらえかたといえます。

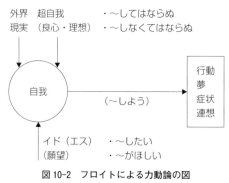

図 10-2　フロイトによる力動論の図

（Freud, S. より作図）

上の定義の力動的というものは、パーソナリティは高い低いなどの量的なもので示されるのみの静的なものではないことを意味しています。パーソナリティを力動的にとらえた理論として代表的なものとして、**フロイト**（Freud, S.）の力動論が存在します（図10-2）。そこでは、快楽原則にもとづく**イド**（エス）、親のしつけなどが内在化し良心や道徳的規範にもとづく**超自我**（スーパーエゴ）、それら２者の間で現実原則にもとづく**自我**（エゴ）の３者の動的な関係性でパーソナリティが説明されています。

❷ 類 型 論

　パーソナリティをとらえる理論を２つにわけると、**類型論**と**特性論**に分類できます。類型論はタイプ論ともいわれ、パーソナリティに関する典型的な分類をあげたうえで、どの分類にあてはまるかで個人の性格を理解するものです。ドラえもんの登場人物にちなんで「あいつはジャイアンタイプだ」などといって理解するやりかたがこれにあたります。

　類型論の代表的なものとして、**クレッチマー**（Kretschmer, E.）の**体型論**が存在します（Kretschmer, 1921）。精神科医のクレッチマーは、精神疾患を示す患者の観察を通じて、患者の病前の気質ごとで体型が異なる傾向があることを推測しました。物静か・傷つきやすさ・非社交的・上品さなどの特色をもつ**分裂気質**の者にはやせ体型が多く、温かさ・おおらかさ・社交的・軽率さなどの特色をもつ**循環質**の者には肥満体型が多く、粘り強さ・義理堅さ・融通のきかなさ・生真面目さなどの特色をもつ**粘着質**の者には筋肉質が多いという傾向です（図10-3）。そこでクレッチマーは体型とパーソナリティに遺伝的な関係があることを主張しましたが、現在では体型とパーソナリティには明確な関係を主張することができないことがさまざまな調査によって示されています。

　類型論のその他の代表例としては、**リビドー**と呼ばれる心的エネルギーが外側に向かう外向性と内側に向かう内向性の２種類に分類した**ユング**（Jung, C. G.）の**向性論**が存在します（Jung, 1921）。また、**シュプランガー**（Spranger, E.）は、

体　型	気質型	特　徴
肥満型 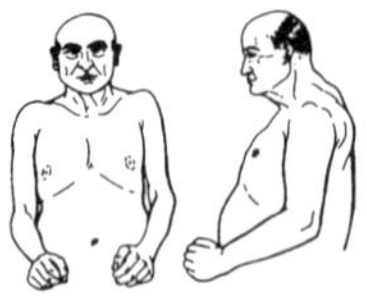	躁うつ 気質	・社交的で温厚，善良で親切 ・明朗で活発，ユーモアがある，激しやすい ・寡黙で平静，柔和，気が弱い
細長型 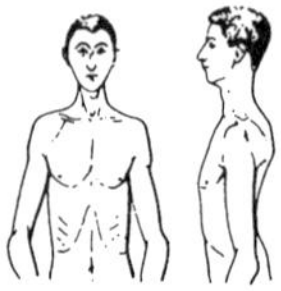	分裂気質	・非社交的で内気，生真面目でユーモアがない ・敏感で神経質，傷つきやすく興奮しやすい，臆病，恥ずかしがり ・従順，お人よしで温和，無関心，鈍感
闘士型 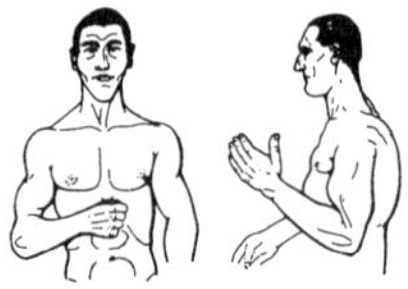	てんかん 気質	・粘り強く几帳面で融通がきかない，静かでエネルギッシュ ・生真面目，堅苦しい，まわりくどい ・興奮すると夢中になる，激怒しやすい

図 10-3　クレッチマーの類型論 （クレッチマー，1978：櫻井・黒田，2012 による図）

　人生に対する価値観にもとづき、合理性や客観性を重視する論理型、経済性や実用性を重視する経済型、美的なものや芸術活動を重視する審美型、他者との関係を重視する社会型、権力や他者支配を重視する権力型、宗教や神秘的なものを重視する宗教型の6つの分類を提唱しています（Spranger, 1921）。

　学習の場面に適用される類型論としては、認知的課題の遂行様式の個性を意味する**認知スタイル**の理論があります。**ケーガン**（Kagan, J.）らは、多くの類似した図形から正解を選ぶという課題を遂行するさい、正確な判断ができるが時間がかかる**熟慮型**と、スピードは速いが正確さに欠ける**衝動型**が存在するのをみいだしています（Kagan, Rosman, Day, Albert & Phillips, 1964）。その他の認知スタイルとしては、場依存性―場独立性や認知的複雑性―認知的単純性なども存在しています。

❸ 特 性 論

　パーソナリティを類型論的に理解することの長所は、具体的なイメージがわきやすく理解しやすいことや、パーソナリティを全体として理解しやすいことがあげられます。しかし、先のドラえもんの例であげると「勉強ができない出来杉君」と言われると、途端にイメージができなくなってしまうのではないでしょうか。このように、類型論では全体性から外れる特徴をもつ人物を理解しにくいという欠点が存在します。そのため、パーソナリティを全体としてではなく、さまざまな特性の集合体としてとらえ、それぞれの特性を個別に測定して検討する立場も存在し、それを**特性論**といいます。

　さまざまな特性を個別に測定すると、個人のパーソナリティを詳細に検討して比較できるという長所が存在します。10点満点で得点化すると、「Aさんは攻撃性が9点、内向性が7点、情緒不安定性が5点」、「Bさんは攻撃性が3点、内向性が2点、情緒不安定性が2点」だと言われると、AさんとBさんを比較するのは非常に簡単です。しかし、上記の情報でAさんとBさんのイメージをあげてくださいと言われた場合、Aさんはジャイアンタイプ、と言われたときのような具体的なイメージがわかないのもまたたしかではないでしょうか。このように、多くの特性の要素に細分化されてしまうがゆえに、その後その各要素を組みあわせて具体的な個人に戻りにくいのが特性論の欠点といえるでしょう。

　なお、特性論の他の欠点として、測定が要求される特性の数が多いということが存在します。パーソナリティを過不足なく検討するために必要な特性の数として、後述のYG性格検査では12、オールポートは14などの特性を取り上げています。上記のような、研究者ごとで取り上げる特性が異なり、しかもその数が多いという問題を克服するために、これまでおこなわれたさまざまな研究の結果を集約するメタ分析がおこなわれました。その結果、特性は大きくわけると **Big Five**（ビッグファイブ）とよばれる5つの特性（外向性、情緒不安定性、誠実性、調和性、開放性）に集約が可能であることがみいだされました。

❹ 状 況 論

　これまで、パーソナリティを理解する枠組みとして、類型論と特性論をみてきました。そして類型論的に「Aさんは○○タイプだなあ」などと思ったり、特性論的に「Bさんの外向性は10点満点でいうと9点くらいありそう」などと思ったりした人もいるかもしれません。しかし、あなたから見て外向性が高そうにみえたBさんは、だれに対しても外向性が高いといえるでしょうか？もしかすると、Bさんはあなたの前では外向性が高いような行動をするけれども、ほかの人の前では外向性が高いようにはふるまえていない可能性もあります。

　一般的に、パーソナリティはある程度安定した一貫性を持つものとしてとらえられることが多いですが、そうした考えを否定し、時と場合によって変化する立場も存在し、それらは状況論的な立場とされます。こうした視点で児童生徒のパーソナリティ理解について考えると、対先生、対友人、対親などの相手が変化することで示される児童生徒のパーソナリティが大きく変化する可能性もあります。また、同じ児童生徒のパーソナリティを理解しようとするときでも、担任が変わればそこで示されるパーソナリティが変化することで、意見の一致がみられない可能性もあります。そのようなことを頭に入れたうえで、多面的な把握を行うことが求められるといえます。

❺ パーソナリティ検査の種類

　では次にそのパーソナリティを測る方法についてみていきましょう。パーソナリティの測定法は、大きくわけて**質問紙法・作業法・投影法**の3つに分類されます。質問紙法は、質問項目が記載された質問紙への回答をもとめ、その結果をもとに多くは得点化をおこなってパーソナリティを理解する方法です。代表的なものとしてまずあげられるのが、**ギルフォード**による性格検査をもとに**矢田部達郎**が日本人用に作成した**YG性格検査**（矢田部ギルフォード性格検査）です。その他、心理面のみならず身体の健康状態などの測定も可能で、回答者が社会

```
1.  A   いろいろな人と楽しく過ごしたい    （どちらも社会的に
    B   いろいろな場所に旅行したい          望ましいケース）
2.  A   人をだましても成功したい        （どちらも社会的に
    B   性的な興奮を体験してみたい          望ましくないケース）
```

図 10-4　EPPS での強制選択法の例

的望ましさのため自分をよくみせようと嘘をつく度合いを測定して測定の信頼性を上げる試みも存在する**ミネソタ多面的人格目録（MMPI）、強制選択法**を用いて社会的望ましさの除去をめざした **EPPS** などが存在します（図 10-4）。

　質問紙法は、筆記用具さえあれば集団で実施できて短時間で回答できるという長所がありますが、社会的望ましさの影響がある、回答者本人の自覚しているパーソナリティしか理解できない、といった欠点が存在します。そのため、社会的望ましさの影響を少なくし、また回答者本人も自覚できていなかったり隠していたりする部分にも理解できる検査が必要とされ、投影法と作業法がその役割を担っています。

　投影法は、あいまいな刺激に対して自由に反応をもとめ、反応に投影されたパーソナリティを理解する方法です。代表的なものとして、インクのシミでできた図形が何に見えるのかを問う**ロールシャッハテスト**（インクブロットテスト）（図 10-5）、絵をもとに過去―現在―未来のストーリーをつくってもらうなどのやりかたで反応を求める**TAT**（子ども用は **CAT**）（図 10-6）、フラストレーションを感じる場面を線画で提示し、そこで

図 10-5　ロールシャッハテストの模擬図版（塩崎. 2012）

図10-6　TATの模擬図版 〈田中, 1996〉

のつぶやきをもとに他罰—自罰—無罰などの分類で理解するPFスタディ（絵画欲求不満テスト）などが存在します（図10-7）。

　また、描かれた絵をもとにパーソナリティを理解するものを**描画法**といい、実のなる木を描かせるものを**バウムテスト**、家（House）—木（Tree）—人（Person）を描かせる**HTPテスト**、枠のなかにアイテムを描かせて風景を構成させる**風景構成法**などが存在します（図10-8）。

　投影法は、あらかじめ用意された選択肢などに縛られる質問紙法とは違い、回答者が自由に回答できるため個別反応を得やすく、また回答者の深い側面までの理解が可能でありかつ社会的望ましさの影響がでにくい長所が存在します。しかし、回

図10-7　PFスタディの模擬図版 〈加藤, 2008〉

図 10-8　描画法の模擬図版（小俣, 2013）

答の理解には手法を高度に理解できるための習熟が不可欠であり、また原則的に 1 対 1 での実施のため、時間的なコストなどの問題が存在する短所も指摘できます。

　作業法は、単純な作業への従事のしかたによりパーソナリティの理解をめざすもので、代表的な者としては 1 桁の数字の足し算をくりかえす作業をさせたうえで、作業曲線の形状をもとにパーソナリティを理解する**内田クレペリン精神作業検査**が存在します（図 10-9）。この方法は、足し算をするというおおよそパーソナリティ測定とは気づかれない作業をおこなうのみなので、社会的望ましさの影響を受けにくい長所があります。また、集団での実施もできるため、実施のコストも高くない長所が存在します。これらは質問紙法

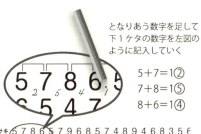

となりあう数字を足して
下 1 ケタの数字を左図の
ように記入していく

5+7=1②
7+8=1⑤
8+6=1④

図 10-9　内田クレペリン精神作業検査の例
（小島他, 2012）

と投影法の長所をあわせもつ面もありますが、短所としては測定の妥当性に乏しいことがあげられます。

　上にあげたように、パーソナリティの測定方法はそれぞれに長所短所があるため、複数の測定方法をくみあわせて使用する**テスト・バッテリー**を組むことが重要になってきます。

（久木山　健一）

課　題

① 類型論の箇所を参考に、学級の児童生徒を5つのタイプにわけるあなたなりの「類型論」を考えてください。
② ビッグファイブの5つの特性から1つ選び、課題1で考案したあなたなりの類型論の各タイプで、選んだ特性が「低―中―高」のどれになるかを考えてください。

【文　　献】

Allport, G. W. 1937 *Personality: A psychological interpretations.* Henry Holt Company. 詫摩武俊・青木孝悦・近藤由紀子・堀正（訳）　1982　パーソナリティ　―心理学的解釈.　新曜社.

フロイト, S. 1938 小此木啓吾（訳）　1979　精神分析療法（改訂版フロイト選集15）.　人文書院.

Jung, C. G. 1921 *Psychological Typen.*　林道義（訳）1987　タイプ論. みすず書房.

Kagan, J., Rosman, B. L., Day, D., Albert, J., & Phillips, W. 1964 Information processing in the child: Significance of analytic and reflective attitudes. *Psychological Monographs*, **78**, 1-37.

加藤司　2008　心理学研究法―実験法・測定法・統計法（改訂版）. 北樹出版.

小島一夫・福森崇貴・鈴木真吾　2012　やさしく学べる心理学　―医療福祉を学ぶ人のために. 北樹出版.

小俣和義（編著）　2013　こころのケアの基本. 北樹出版.

櫻井茂男（監）黒田祐二（編著）　2013　実践につながる教育心理学. 北樹出版.

塩﨑尚美（編著）　2012　実践に役立つ臨床心理学（改訂版）. 北樹出版.

Spranger, E. 1921 *Lebensformen.* Halle. 伊勢田耀子（訳）1961 文化と性格の諸類型（世界教

育学選集18・19). 明治図書出版.

田中富士夫 (編著) 1996 臨床心理学概説 (新版). 北樹出版.

11 学校における不適応

はじめに

われわれは、この世に生を受けてから、周りの人やモノに出会い、それらと向き合い試行錯誤しながら、与えられた環境の中で適切に生きていかねばなりません。もちろん、自分を変容させるだけではなく、環境を変えることも重要です。つまり何らかの形で適応することが必要となってきます。しかしときには、何らかの理由で、周りの世界とうまくかみあわず、日常生活が困難になることがあります。学校ではさまざまなストレッサー（第 12 章参照）が存在し、児童生徒が学校にうまく適応できない場合があります。

そのような中、いらだちを、いじめや暴力などの「問題行動」を起こすことで解消しようとする児童生徒もいます。**問題行動**は、「改善が必要とされる行動」と定義され、「大変あいまいな用語で、社会や文化や価値観が異なれば、問題とされる行動も違ってくる」（高野、1991）と考えられます。すなわち、ある国やある時代で「問題」とされる行動は、他の国や時代では「問題」とされないこともあります。例えば学校において「生徒がピアスをつける」という行動はある国では「問題」であるかもしれませんが、別の国では「問題」ではなくなるかもしれません。同じ日本にある学校間でさえ、「問題」であったりなかったりするかもしれません。いじめや暴力は問題行動であるとだれもが認めるでしょうが、ピアスをつけることや髪の毛を染めることは問題行動でしょうか？

学校における不適応としては、他者に損害を与えるいじめや暴力とは異なりますが、不登校やひきこもりがあげられます。学校に行きたくない、あるいは行きたくても行けないような状態になり、本人は苦しみ、家族は困惑することになります。

本章では、学校における不適応と考えられる現象として、「いじめ」と「非行」といった問題行動、さらに「不登校」を取り上げ、それぞれの特徴や対処法をみてゆきます。また学級集団の荒れについても考えていきましょう。

❶ 問題行動（いじめ、非行）

1. い じ め

2013年より、いじめ防止対策推進法が施行されました。そこには、「「いじめ」とは、児童等に対して、当該児童等が在籍する学校に在籍している等当該児童等と一定の人的関係にある他の児童等が行う心理的又は物理的な影響を与える行為（インターネットを通じて行われるものを含む。）であって、当該行為の対象となった児童等が心身の苦痛を感じているものをいう。」（第二条）と定義されています。また、「児童等は、いじめを行ってはならない。」（第四条）と規定されています。

学校や教職員については、「学校及び学校の教職員は、基本理念にのっとり、当該学校に在籍する児童等の保護者、地域住民、児童相談所その他の関係者との連携を図りつつ、学校全体でいじめの防止及び早期発見に取り組むとともに、当該学校に在籍する児童等がいじめを受けていると思われるときは、適切かつ迅速にこれに対処する責務を有する。」（第八条）と、防止と早期発見、迅速対応が責務とされています。さらに、「学校は、当該学校におけるいじめの防止等に関する措置を実効的に行うため、当該学校の複数の教職員、心理、福祉等に関する専門的な知識を有する者その他の関係者により構成されるいじめの防止等の対策のための組織を置くものとする。」（第二十二条）と、いじめ防止のための組織を置くことを求めています。

図11-1 は、学年別のいじめ認知件数です。小学校1年生から中学校1年生にかけて多く認知されています。また、いじめの態様は表11-1のとおりです。

いじめが発生する原因を明確にあげるのは困難ですが、さまざまなものが考えられます。鈴木（2000）は、いじめの直接誘発要因として、12種類のケースを示しています。①日常生活・学校生活での欲

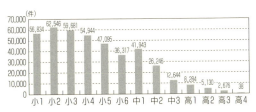

図 11-1　2017 年度の学年別いじめの認知件数 （国公私立）

（文部科学省，2018）

表 11-1　2016（平成 28）および 2017（平成 29）年度のいじめの態様（文部科学省，2018）

【国公私立】

区分	小学校		中学校		高等学校		特別支援学校		計	
	件数(件)	構成比(%)	件数(件)	構成比(%)	件数(件)	構成比(%)	件数(件)	構成比(%)	件数(件)	構成比(%)
冷やかしやからかい、悪口や脅し文句、嫌なことを言われる。 28年度	146,282	61.7	46,839	65.7	7,981	62.0	869	51.0	201,971	62.5
29年度	194,848	61.4	52,812	65.7	9,238	62.5	1,098	53.7	257,996	62.3
仲間はずれ、集団による無視をされる。 28年度	37,105	15.6	10,196	14.3	1,917	14.9	131	7.7	49,349	15.3
29年度	45,362	14.3	10,685	13.3	2,076	14.0	167	8.2	58,290	14.1
軽くぶつかられたり、遊ぶふりをしてたたかれたり、蹴られたりする。 28年度	56,999	24.0	10,940	15.3	1,574	12.2	394	23.1	69,907	21.6
29年度	73,435	23.2	11,623	14.5	1,629	11.0	483	23.6	87,170	21.0
ひどくぶつかられたり、たたかれたり、蹴られたりする。 28年度	16,183	6.8	3,358	4.7	621	4.8	143	8.4	20,305	6.3
29年度	19,727	6.2	3,574	4.4	584	3.9	181	8.9	24,066	5.8
金品をたかられる。 28年度	3,425	1.4	884	1.2	379	2.9	35	2.1	4,723	1.5
29年度	3,575	1.1	884	1.1	370	2.5	67	3.3	4,896	1.2
金品を隠されたり、盗まれたり、壊されたり、捨てられたりする。 28年度	14,799	6.2	4,200	5.9	757	5.9	74	4.3	19,830	6.1
29年度	18,218	5.7	4,826	6.0	853	5.8	120	5.9	24,017	5.8
嫌なことや恥ずかしいこと、危険なことをされたり、させられたりする。 28年度	17,901	7.5	4,483	6.3	869	6.8	156	9.2	23,409	7.2
29年度	24,886	7.8	5,352	6.7	954	6.5	159	7.8	31,351	7.6
パソコンや携帯電話等で、ひぼう・中傷や嫌なことをされる。 28年度	2,679	1.1	5,723	8.0	2,239	17.4	138	8.1	10,779	3.3
29年度	3,455	1.1	6,411	8.0	2,587	17.5	179	8.8	12,632	3.0
その他 28年度	10,903	4.6	2,481	3.5	611	4.7	97	5.7	14,092	4.4
29年度	13,365	4.2	2,970	3.7	757	5.1	133	6.5	17,225	4.2

(注1) 複数回答可とする。
(注2) 構成比は、各区分における認知件数に対する割合。

求不満からいじめる、②葛藤からいじめる（2つのこと、たとえば勉強と部活に板ばさみになり、動きがとれずいらいらしている状態）、③「ねたみ」からいじめる、④「正義の味方」との思いこみからいじめる、⑤「異質の排除」としていじめる、⑥「面白半分」でいじめる、⑦「付和雷同」でいじめる、⑧親しさの表れからいじめる、⑨お節介がいじめとなる、⑩わけもなくいじめる、⑪虚偽のいじめられっ子を演じいじめる（○○くんにいじめられた、と虚偽のことを先生に言うなど）、⑫報復（仕返し）いじめ、です。

　「日常生活・学校生活での欲求不満」の原因としては、学校ストレスが考えられるでしょう。岡安・高山（2000）は、中学生のいじめへのかかわりかたを「無視・悪口被害群」「全般的被害群」「無視・悪口加害群」「全般的加害群」「非関与群」に類型化し、このうち「全般的被害群」にはストレス症状が全般的に高い者が多く、「全般的加害群」には不機嫌・怒りや無気力のレベルが高く、教師との関係が良好でない者が多いことを示しています。このように学校スト

レスのいわば発散として、いじめ行動をおこなっていることが考えられます。

　また、いじめについては、個人的要因だけではなく、日常的な教師の指導との関連も考えられます。小中学生が、教師の「親しみやすく受容的で自信のある客観的な態度」を認知することが、いじめ行動に抑制的に影響するという報告もあります。大西・黒川・吉田（2009）は、教師の受容・親近・自信・客観といった態度が、学級のいじめに否定的な集団規範といじめに対する罪悪感の予期を媒介して、小中学生の加害傾向を抑制する効果があることを示しています。

　さらに、いじめは、集団の病とよばれるように、学級集団のなかでいじめをとらえることも重要です。いじめはいじめっ子といじめられっ子という2者の関係だけで成立していないことも多いと思われます。森田・清永（1994）は、図11-2のように、被害者、加害者、被害・加害者、観衆、傍観者、仲裁者がかかわることによって、いじめ集団が成立していることを示しています。図中の数字は、小中学生に、直近に発生したいじめでどのように行動したかを調査した結果から導きだされたもので、各区分にどれくらいの児童生徒が入るかを示した数字です。加害者のいじめ行動を観衆、傍観者といった第三者が促進していると考えられるのです。観衆や傍観者といった「安全地点」から悪気を感じないでいじめを促進している個人とそのような雰囲気をつくりだす学級集団への対応が重要となります。他方で、集団内には仲裁者を中心にいじめ行動を抑制する力も働いています。

　杉原・宮田・桜井（1986）による小学生対象の調査によると、「いじめっ子」のパーソナリティ特性として、「明るく活発で、外向的であり、学級内では目立つ存在である」ことが示されています。

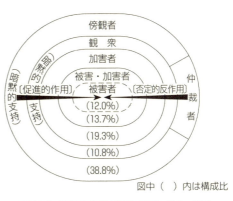

図中（　）内は構成比

図 11-2　いじめ集団の構造（森田・清永，1994）

そして、「強靱な面をもっている反面、耐性・誠実さに欠け、落ち着きがない」
ということが認められました。

松本・山本・速水（2009）は、高校生を**仮想的有能感**（コラム2参照）の高低
と自尊心の高低で4タイプにわけ、「仮想型」（仮想的有能感が高く自尊心が低い）

表11-2　いじめチェックリストの例（京都府教育委員会，2012より一部項目を抜粋した）

登校時
　遅刻・欠席が目立つようになる。
　始業時刻ぎりぎりの登校が目立つようになる。
授業中
　一人遅れて教室に入ってくる。
　周囲の子どもから座る場所（机・椅子等）を避けられる。
　発言すると周囲がざわつく。
　係りなどを決めるときに、ふざけ半分で推薦される。
　授業中ぼんやりしたり、うつむいていることが多く、発言しなくなる。
休憩時間
　仲間に入れず、一人でポツンと過ごすことが多い。
　今まで一緒だったグループから外れている。
昼食・清掃時
　その子が配膳すると嫌がられる。
　食べ物にいたずら（盛り付けない、多く盛り付ける、意図的な配り忘れ）をされる。
　机を寄せて席を作ろうとしない。寄せても隙間がある。
　その子の机や椅子が運ばれず、放置されている。
部活・学校行事
　部活動の欠席が増え、理由がはっきりしない。
　一人で、大変な仕事（準備、片付け）をさせられている。
終礼・放課後・下校時
　特定の子どもが終わりの会で追及される。
　机がひっくり返されたり、ロッカーが荒らされたりしている。
　皆の荷物を持たされている。
学校生活全般を通して
　元気がなくぼんやりしていることが多い。
　頭痛や腹痛を訴え、保健室やトイレに頻繁に行く。
　教師に相談したそうに寄って来る。
　理由のはっきりしない衣服の汚れや破れ、すり傷などが見られる。
その他
　必要以上のお金を持っている。
　席替えや班決めで特定の子どもの隣や近くの席をいやがる。
　ふざけた雰囲気の中で、クラス委員等が選ばれる。

と「全能型」（両方とも高い）ではいじめ加害経験、被害経験が多く、「萎縮型」（両方とも低い）と「自尊型」（仮想的有能感が低く自尊心が高い）ではいじめ加害経験、被害経験が少ないことを示しています。なお、この研究では、「自分の周りには気の利かない人が多い」「他の人の仕事を見ていると、手際が悪いと感じる」「話し合いの場で、無意味な発言をする人が多い」などの質問項目について肯定する者が、仮想的有能感が高いとされました。他者を貶めることによって優越感を得ている状態といえるでしょう。

京都府教育委員会（2012）は、「いじめ問題の解決のために　教職員ハンドブック」において、いじめチェックリストを作成しています（表11-2）。教師は、日々の観察から、いじめの兆候を読みとる必要があります。

いじめは教室内でのみ生起するのではなく、インターネット上の掲示板や、各種SNS（ソーシャル・ネットワーキングサービス）などでも起こっています（いわゆるネットいじめ）。特定の個人を中傷したり、あるいは特定の個人になりすまして、あたかも本人が書いたかのようにみせかけたりするということがみられています。ネットいじめの場合、学校側が発見するのが困難となります。数名のグループ内でのみ閲覧できる仕様の場合、いじめられている本人も気づいていない場合があります。また、中傷する文章や画像が一度拡散してしまった場合、収拾がつかなくなり、いじめた側がいくら反省しても、その意に反して、解決にいたらないことがあり、その意味でも、ネット社会に対応した情報教育も必要となってきます。

2. 非　　　行

非行あるいは少年非行という言葉は、一般的に用いられますが、その意味するところは、法に触れた場合だけではなく、法に触れる恐れのある行動についても含んでいます。少年法第3条では、次に掲げる少年について、「家庭裁判所の審判に付する」としています。

1. 罪を犯した少年
2. 14歳に満たないで刑罰法令に触れる行為をした少年

3. 次に掲げる事由があって、その性格又は環境に照して、将来、罪を犯し、
又は刑罰法令に触れる行為をする虞のある少年

イ　保護者の正当な監督に服しない性癖のあること。

ロ　正当の理由がなく家屋に寄り附かないこと。

ハ　犯罪性のある人若しくは不道徳な人と交際し、又はいかがわしい場
所に出入すること。

ニ　自己又は他人の徳性を害する行為をする性癖のあること。

　西野・氏家・二宮・五十嵐・井上・山本（2009）は、中学生を縦断的（2002年
度の1年生について、2002年9月、2003年9月、2004年9月の3時点で調査）に分析し、「逸
脱行為をする友人の存在は、逸脱行為経験の有無の違いおよび非行が深化する
群とそうでない群の違いを説明することが示された」としています。この研究
では、中学生を「経験なし」「軽微な逸脱行為経験あり」「重篤な逸脱行為経験
あり」のグループに類型化し、検討しています。「重篤な逸脱行為」には、万
引き、金品不正請求、無免許運転、自転車等盗み、外での金の盗みが含まれて
います。非行の深化に、逸脱行為をする友人の影響が強いことが示されたわけ
ですが、非行の軽微な段階から深化を防ぐことが重要であるといえます。

　次に、とくに、**暴力**的行為についてみていきましょう。図11-3は、学年別
の加害児童生徒数です。中学校で多いことがみてとれます。

　さて、非行の原因を特定するのは困難ですが、内閣府が2011年に「第4回
非行原因に関する総合的研究調査」の報告書をまとめています。この調査では、
「非行少年」として、補導少年（触法少年及び犯罪少年）および少年鑑別所在所少年、
「一般少年」として小学校（5・6年生）・中学生・高校生・大学生（20歳未満）に
調査票への回答を求めています。「一般少年」は9883名、「非行少年」は931
名が調査対象となりました。

　その結果、「あてはまる」（「あてはまる」＋「だいたいあてはまる」）と答えた割合
が、「一般少年」と「非行少年」で20ポイント以上の差がある項目をあげると
以下のようになりました。

　「非行少年」は「一般少年」と比べて、親友を得たきっかけとして「街で知

り合った友達」、友達との過ごしかたで「車やオートバイに乗る」、朝食の頻度で「ほとんど食べない」、小遣いの使途で「酒、タバコ」、クラスのなかでの成績は「悪い方」、クラス内でのスポーツ

図11-3　2017（平成29）年度の学年別加害児童生徒数（国公私立）
（文部科学省，2018）

能力は「できる方」、クラスでの人気は「ある方」、家での勉強時間は「ほとんどしない」、進学希望は「高校まで」、地域社会の状況は「酒やタバコを買うのは簡単だ」とそれぞれ回答する者が多くみられました。

　他方、「一般少年」は「非行少年」と比べて、自分の持ち物として「4冊以上の辞書あるいは電子辞書」「本棚」「自分の机」、親友を得たきっかけとして「今の学校の友達」、朝食の頻度は「毎朝食べる」、小遣いの使途は「マンガ、雑誌、本」、クラスのなかでの成績は「ふつう」、勉強の意義として「テストで悪い点数をとりたくないから」「よい学校に入りたいから」、進学希望は「大学、大学院まで」とそれぞれ回答する者が多くみられました。この調査では、非行の原因の特定までは困難ですが、「非行少年」のプロフィールがみてとれるでしょう。

❷ 不　登　校

　文部科学省は、「不登校とは、何らかの心理的、情緒的、身体的、あるいは社会的要因・背景により、児童生徒が登校しないあるいはしたくともできない状況にあること（ただし、病気や経済的理由によるものを除く。）をいう」と定義しています（文部科学省，2018）。

　図11-4は、学年別の学年別不登校児童生徒数です。中学校において多いことがみてとれます。また、図11-5は、不登校児童生徒数の推移です。

　文部科学省（2018）によると、平成29年度の不登校者数（国公私立）は、小学

表 11-3　不登校の理由（国公私立）（文部科学省，2018 より作成）

	学校に係る状況								家庭に係る状況	左記に該当なし
	いじめ	いじめを除く友人関係	教職員との関係	学業の不振	進路に係る不安	クラブ活動、部活等への不適応	学校のきまり等をめぐる問題	入学、転編入学、進級時の不適応		
小学校	256 0.7%	6621 18.9%	1406 4.0%	4918 14.0%	350 1.0%	87 0.2%	718 2.0%	1360 3.9%	18942 54.1%	5824 16.6%
中学校	467 0.4%	30759 28.2%	2431 2.2%	23738 21.8%	5311 4.9%	2967 2.7%	3773 3.5%	7631 7.0%	33574 30.8%	17186 15.8%

注1　複数回答可
注2　「家庭に係る状況」とは、家庭の生活環境の急激な変化、親子関係をめぐる問題、家庭内の不和等が該当する。

校で約3万5千人、中学校で約10万9千人となっています。また、不登校の
理由としては、学校の状況、家庭の状況などが考えられます。文部科学省の調
査では、小学生では、中学生に比べて、「家庭に係る状況」が割合としては多
いこと、中学生になると「いじめを除く友人関係」が割合として多くなること
が分かります（表11-3）。

　では欠席の抑制要因としては何が考えられるでしょうか。本人の性格や認知
的傾向については、たとえば本間（2000）は、中学生の欠席の抑制要因は「規
範的価値」（学校に行くことは当然、病気やけが以外で学校を休むことはよくない、といっ
た意識）であるとしているほか、欠席願望を抑制する要因として「学校魅力」が大きいとしています。

　また、**発達障害**のある子どもが、不登校になるということも問題になっています。発達障害、たとえば、高機能自閉症や学習障害（LD）、注意

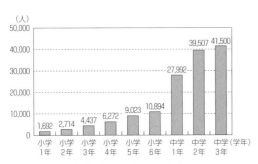

図 11-4　2017 年度の学年別不登校児童生徒数（国公私立）
（文部科学省，2018）

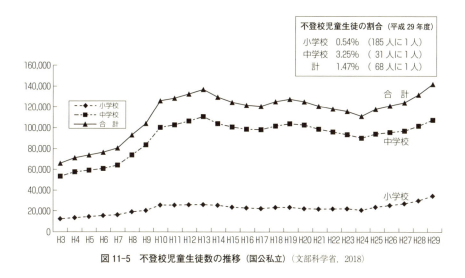

不登校児童生徒の割合（平成 29 年度）

小学校	0.54%	（185 人に 1 人）
中学校	3.25%	（ 31 人に 1 人）
計	1.47%	（ 68 人に 1 人）

図 11-5　不登校児童生徒数の推移（国公私立）（文部科学省, 2018）

欠陥／多動性障害（ADHD）など（第14章参照）により、学業上のつまずきや人間関係上のトラブルが生じ、その結果として、不登校にいたるケースがあります。教師による不用意な指導が不登校を招いてしまうこともあります。また、小さいつまずきを見過ごすことによって、不登校にいたるようなこともあるので、十分留意する必要があります。

❸　学級集団の荒れ

　ここまで検討してきた不適応の状態は、基本的には、ある特定の児童生徒が不適応状態となっていると判断されるものでした。しかし、そのような個人の不適応として扱われる問題行動だけではなく、「集団の荒れ」も存在します。大久保・加藤（2006）は、中学校において、問題を起こす生徒が排斥されている学級と受容されている学級の違いを検討し、後者では、学級が荒れており、問題行動を起こす生徒の活動に対して支持的な雰囲気があることを示しています。
　また、加藤（2007）は、中学校の通常学級と困難学級において「不良少年」

表11-4　低学年と高学年の「学級崩壊」の違い（尾木, 1999）

低学年	中学年	高学年
・自己中心・衝動的パニック現象（セルフコントロール不全←愛情不足） ・コミュニケーション不足（小暴力） ・基本的生活習慣の欠如 ・"崩壊"よりも集団性の未形成状態 ・良い子ストレス（親と学校からの） ↑ ◎下（幼児期）からの新しい「津波」現象	両方の重なり	・教師への不満・怒り（差別・不公平） ・学習からの逃避 ・思春期ストレス（自立への不安） ・ピアプレッシャー ・私立中学受験勉強による心情不安 ・担任教師へのいじめの構造として ↑ ◎上（中学校）からの伝統的な荒れの「雪崩」現象

のイメージを検討しています。それによると、困難学級の生徒のほうが不良少年への否定的感情が弱く、不良少年の活動に評価をし、また不良少年への関係を希求しており、さらに学校生活を楽しいとする感情をもっていませんでした。一般生徒がもっている「反学校的な生徒文化」すなわち「問題行動を肯定的に評価し、学校生活を否定的に評価するような生徒文化」の影響で、個人の問題行動が「学校や学級の荒れ」に展開するとしています。

　一部の小学校では、いわゆる**学級崩壊**とよばれる状態が発生しています。学級崩壊は、学級の多くの児童が、教師の注意をきかず、授業に関係のないおしゃべりや立ち歩きなどの勝手な行動をするような状態です。教師による通常の指導では効果がありません。

　同じように学級崩壊とよばれる現象でも、小学校低学年と高学年では、発生の原因が異なることが指摘されています。尾木（1999）は、表11-4を示して、小学校低学年と高学年の学級崩壊の違いを説明しています。小学校低学年の場合は、基本的生活習慣やコミュニケーション能力の欠如、集団性の未形成など、学級崩壊というよりは、学校での振舞いかたがわからない、学校が何をするべきところかわからないという根本的な問題であるといえます。幼稚園や保育園、あるいは家庭での生活と小学校での生活のギャップがその原因のひとつと考えられます。このような現象は**小1プロブレム**とよばれ、その解決には幼稚園や保育園と小学校の連携がいっそうもとめられています。

学級経営には教師の指導力が重要です。國分・河村（1998）は、教師の勢力資源を「強制勢力活用型」「教師の魅力型」「強制勢力型」「勢力資源喪失型」の4つのタイプに分類しています。すなわち、図11-6のように、教師のもつ勢力の源泉が「教師の魅力」にあるか、あるいは「罰」にあるかで分類したものです。たとえば「強制勢力活用型」は、「教師の魅力」と「罰」双方を勢力資源として生徒を指導している状態です。

図11-6　勢力資源4類型
（國分・河村，1998）

このうち、勢力資源喪失型は、学級崩壊への一歩手前といえます。勢力資源が喪失している状態とは、國分・河村（1998）によると、子どもに指導や注意ができなかったり場当たり的であったりして、子どもから無視されている教師、あるいは子どもをたんに放任している教師の状態です。勢力資源喪失型になるまでに、どのようなプロセスをたどるのでしょうか。國分・河村（1998）は、学級崩壊は強制勢力を用いる管理志向型教師（子どもたちを集団として管理し、一定の学力や社会性を定着させようとする管理的な学級経営をおこなう教師）と教師の魅力で子どもたちをまとめる集団体験効果志向型教師（子ども一人ひとりを育成するために学級集団の集団体験効果を促進させようという学級経営をおこなう教師）の両方に起こりうる現象であるとし、その類型を踏まえて次のように説明しています（図11-7参照）。

第1に、管理志向で強制勢力型の教師の場合です。教師の強制勢力が中程度または大きいとき、子ども一人ひとりが認められず自己表現できない「非承認群型学級」となり、一応学級の形を保っているのですが、だんだんと児童生徒から教師への不平がでてきます。それを叱責や罰で押さえつけると、抑圧された気持ちを別のもので発散しようとし、いじめや暴力がおこなわれる「侵害行為認知群型学級」になります。さらに叱責や罰で対応しても、子どもはだんだん反応しなくなり、教師の強制勢力は喪失し、その後「学級生活不満足群型学

級」に移行して、学級崩壊にいたるとされます。

　また、管理志向型教師の学級で、教師の強制勢力が弱い場合、「侵害行為認知群型学級」、つまり、からかわれるなど、トラブルをかかえている子どもが多くなり、教師の勢力資源は喪失し、さらに「学級生活不満足群型学級」に移行し、学級崩壊にいたるとされます。

　第2に、教師の魅力型の場合です。集団体験効果を志向する教師の学級で、トラブルをかかえている子どもが多くなった場合、教育技術やリーダシップが適切な状態であるならば学級崩壊は起こりにくいものの、それらが不適切であ

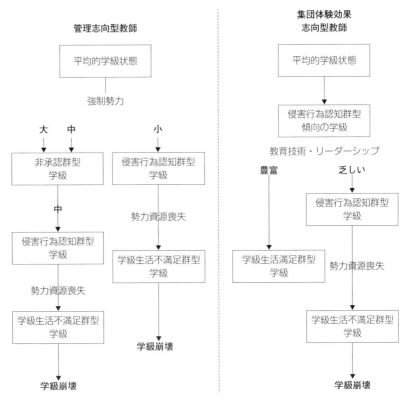

図 11-7　学級崩壊のプロセス（教師の指導行動・態度のタイプ別）（國分・河村, 1998）

るときには、「侵害行為認知群型学級」、つまり、からかわれるなど、トラブルをかかえている子どもが多くなり、教師の勢力資源は喪失し、「学級生活不満足群型学級」に移行して、学級崩壊にいたるとされます。

　第3に、強制勢力活用型の場合です。この場合は、教師は自分の意図に沿うように児童生徒を管理しようとしますが、他方で適度に息抜きとしてストレス発散場面をつくります。しかし、これはその場しのぎのものとなってしまい、長い目で見ると教師への不満が高まってきます。また、罰を背景とした管理的な指導に慣れてしまうと、児童生徒はそのような教師であると認知するようになってきます。したがって、前述の強制勢力型と同じ道をたどります。

　このモデルによると、「勢力資源」の喪失が学級崩壊の直接的な原因になっていると考えられます。このように、教師には、学級集団の状態を知ること、指導や指示が児童生徒にどのように受けとられているのかを知ることが重要になってきます。

（神藤　貴昭）

課　　題

　いじめ発生の予防、あるいは初期段階での発見に向けて、教師がとるべき行動や、心構えについて考えてください。

【文　　献】

加藤弘通　2007　問題行動と学校の荒れ．　ナカニシヤ出版．

國分康孝（監修）・河村茂雄（著）　1998　崩壊しない学級経営をめざして：教師・学級集団のタイプでみる学級経営．　学事出版．

京都府教育委員会　2012　いじめ問題の解決のために　教職員ハンドブック．

松本麻友子・山本将士・速水敏彦　2009　高校生における仮想的有能感といじめとの関連　教育心理学研究，57，432-441．

文部科学省初等中等教育局児童生徒課　2018　「平成29年度　児童生徒の問題行動・不登校等生徒指導上の諸課題に関する調査結果について」
http://www.mext.go.jp/b_menu/houdou/30/10/__icsFiles/afieldfile/2018/10/25/1410392_1.pdf
http://www.mext.go.jp/b_menu/houdou/30/10/__icsFiles/afieldfile/2018/10/25/

1410392_2.pdf

森田洋司・清永賢一　1994　新訂版　いじめ・教室の病い.　金子書房.

内閣府　2011　第 4 回　非行原因に関する総合的研究調査（平成 22 年 3 月）

http://www8.cao.go.jp/youth/kenkyu/hikou4/pdf_index.htm

西野泰代・氏家達夫・二宮克美・五十嵐敦・井上裕光・山本ちか　2009　中学生の逸脱行為の深化に関する縦断的検討　心理学研究, **80**, 17-24.

尾木直樹　1999　「学級崩壊」をどうみるか.　日本放送出版協会

大西彩子・黒川雅幸・吉田俊和　2009　児童・生徒の教師認知がいじめの加害傾向に及ぼす影響：学級の集団規範およびいじめに対する罪悪感に着目して　教育心理学研究, **57**, 324-335.

岡安孝弘・高山厳　2000　中学生におけるいじめ被害者および加害者の心理的ストレス　教育心理学研究, **48**, 410-421

大久保智生・加藤弘通　2006　問題行動を起こす生徒の学級内での位置づけと学級の荒れおよび生徒文化の関係　パーソナリティ研究, **14**, 205-213.

杉原一昭・宮田敬・桜井茂男　1986　「いじめっ子」と「いじめられっ子」の社会的地位とパーソナリティ特性の比較　筑波大学心理学研究, **8**, 63-71

鈴木康平　2000　学校におけるいじめの心理.　ナカニシヤ出版.

高野清純　1991　問題行動　三宅和夫・北尾倫彦・小嶋秀夫（編）　教育心理学小辞典.　有斐閣.

■コラム7■　いわゆる「モンスターペアレント」

　教育実習をおこなったり、学校でのインターンシップやボランティアに参加しても、なかなかみえにくいのが、教師や学校と保護者との関係です。なかでも「モンスターペアレント」という名称が有名になったこともあり、コワい親にあたったらどうしようか、と、教員志望の学生は保護者対応に不安を覚えているでしょう。

　たとえば、ある教師対象のアンケート（『児童心理』編集部, 2007）では、自分が来られなかったからもう一回体育大会をやれという親、夜遅く酔っぱらって夫婦でクレームの電話を入れてくる親、自分の子どもが言っていることのみを信じて怒る親、など、さまざまな理不尽なクレームを言う親がいることがわかります。他方で、そのアンケートでは、クレームがあったが、その親からじっくり話を聞いたら、最後は「よろしく」と協力的になった、という事例もみられています。

学校への「イチャモン」に関して、小野田（2006）は、「本質」と「現象」を見極めることが重要であると述べています。例として、実際にあった、幼稚園の遠足が中止になったことに、クレームを言ってくる親の話をあげています。ある幼稚園が、降り続いた大雨のため、広い芝生で有名な公園への遠足を順延にすることを決定しました。当日は晴れる見込みなのですが、水浸しの芝生では園児が楽しめないから延期を決定したのです。さて、本来なら遠足があった日の夕方、「なぜ中止なのか」という強い調子のクレームが親から来て、園長先生が対応したそうです。これは幼稚園側からみるとクレームですが、小野田（2006）は、ひょっとしたら食事準備の忙しいときに、遠足に行けなかった5歳児の子どもが母親の傍らですねて泣いていて、どうすることもできない母親が、幼稚園の遠足がなくなったからこういうことになるのだ、と思い電話をしてきたのかもしれないと指摘しています。そして、園長としては、一通り話を聞いたうえで、子どもの状態を聞くこと、園長が経験をもとに、子どものなだめすかしかたなどをアドバイスしていくことが肝要だとしています。

　小野田（2006）は、「イチャモンのような形態をとりながらも、じつは別のところに願い（真意）が隠されていることがあり、むしろそのツボをおさえて対応すると、かなり異なった反応となる」としていますが、他方で「そういった冷静さを持ちえるだけの「ゆとり」と「体力」そして粘り強い「気力」が、学校や教育の現場当事者にあるかどうかです」と述べています。

　現在の学校の環境が、教師にとって「ゆとり」があるかどうか、「体力」や粘り強い「気力」を発揮できるものとなっているかということが、大変重要ですが、それと同時に、教師志望のみなさん、自身がこのようなことに対処できる資質があるかということも、再確認してみてください。

（神藤　貴昭）

【文　　献】
「児童心理」編集部　2007　〈教師アンケート〉親からのクレームの実情　児童心理, 860, 786-791.
小野田正利　2006　悲鳴をあげる学校.　旬報社.

12 ストレスと健康

はじめに

　過去5年間くらいをふりかえって、あなた自身にどのような出来事があったか思いだしてください。大学入学、病気、浪人の決定、恋人との別れなどなど、いろいろなことがあったでしょう。次に、この1週間をふりかえって、何があったか思いだしてください。授業であてられて答えられなかった、友人と言いあいをした、大学行きのバスが渋滞に巻きこまれ、授業に遅れそうになったなどなど。時間のスケールをどうとるかで、思いだす出来事の重さが変わるでしょうが、それにしても、いろいろな出来事や状況に遭遇し、落ちこんだり感情が揺れ動いたりしていることがわかるでしょう。このようなとき、われわれの身体や心・行動にはなんらかの変化が訪れることが多いでしょう。いわゆる「ストレス」がかかった状態です。一般的に、環境による生体のひずみのことをストレスとよびますが、ネガティブなストレスをディストレス、ポジティブなストレスをユーストレスとよぶ場合があります。

　子どもたちも、ストレスに悩まされて生きています。大人からみれば些細なことでも、子どもにとってはストレスとなることもあります。みなさんも、大切にしていたおもちゃ（大人から見ればがらくたにみえるもの）を捨てられたり、今から思えばどうでもいいことで友だちとけんかしたりする経験があったでしょう。

　ストレスは、精神的あるいは身体的な健康に影響をおよぼします。本章では、ストレスをはじめとした、健康にかかわる問題について検討していきましょう。

❶　健康とは

　最低限の生存環境を確保すること、あるいは病気を治療することは、もちろん**健康**という状態に向かうための大前提です。しかしながら、WHO（世界保健機構）が1948年に発効したWHO憲章の序文では次のように述べられています。

「健康とは、病気でないとか、弱っていないということではなく、肉体的にも、精神的にも、そして社会的にも、すべてが満たされた状態にあることをいいます」（日本WHO協会訳）。このように考えると、「健康」を志向するということは、マイナスの状態を「普通」の状態に移行させるだけではなく、さらにによりよい状態に向かうことを意味します。また、身体の健康だけではなく、精神的にも社会的にも満たされた状態をめざします。したがって、医学や歯学、あるいは栄養学だけではなく、心理学や社会学においても「健康」とは何か、「健康」を維持するにはどのようにすればいいのかという研究がおこなわれています。教育心理学では、とくに学校において児童生徒がさまざまなストレスを経験するなか、それらにどのように対処しているのかを知り、望ましい対処を援助するにはどうすればよいのかを考える必要があります。

❷ ストレッサーとストレス反応

「**ストレス**」とは、金属が物理的にゆがむ様子を指す言葉でしたが、その後、生物においても用いられるようになりました。**セリエ**（Selye, H.）によると、生

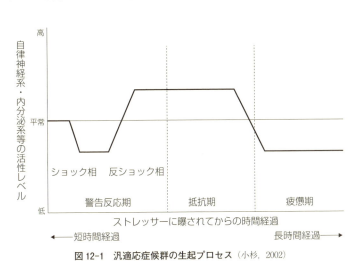

図12-1　汎適応症候群の生起プロセス（小杉, 2002）

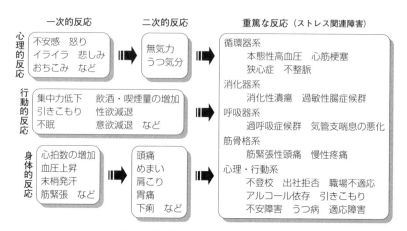

<table>
<tr><th></th><th>一次的反応</th><th>二次的反応</th><th>重篤な反応（ストレス関連障害）</th></tr>
</table>

	一次的反応	二次的反応	重篤な反応（ストレス関連障害）
心理的反応	不安感　怒り イライラ　悲しみ おちこみ　など	無気力 うつ気分	循環器系 　　本態性高血圧　心筋梗塞 　　狭心症　不整脈 消化器系 　　消化性潰瘍　過敏性腸症候群 呼吸器系 　　過呼吸症候群　気管支喘息の悪化 筋骨格系 　　筋緊張性頭痛　慢性疼痛 心理・行動系 　　不登校　出社拒否　職場不適応 　　アルコール依存　引きこもり 　　不安障害　うつ病　適応障害
行動的反応	集中力低下　飲酒・喫煙量の増加 引きこもり　性欲減退 不眠　　　　意欲減退　など		
身体的反応	心拍数の増加 血圧上昇 末梢発汗 筋緊張　など	頭痛 めまい 肩こり 胃痛 下痢　など	

図 12-2　さまざまなストレス反応（鈴木，2004）

体に、寒さなどのストレス因（**ストレッサー**）が持続的に加わると、ストレッサーが何であるかにかかわらず、副腎皮質の肥大、リンパ組織の萎縮、胃腸の内壁の出血や潰瘍といった非特異的な症状を示します（Selye, 1976）。セリエはこれを**汎適応症候群**（general adaptation syndrome）とよびました。汎適応症候群のプロセスは、「警告反応期」「抵抗期」「疲憊期」という３つの時期にわけられます。ストレッサーが存在すると、生体は「警告反応期」において抵抗力が低まりますが（抵抗への準備時期と考えられる）、「抵抗期」に入ると、通常よりも抵抗力が高まる状態となります。しかし、これが長く続くと、「疲憊期」にいたり、抵抗力が弱まって、場合によっては生命の危険にさらされることになります（図12-1）。

　ストレスについて考えるさいには、ストレスの原因となる出来事や状況（ストレッサー）と、その結果引き起こされる症状（**ストレス反応**）にわけて分析することが有用です。たとえば、テストで悪い点数をとったというストレッサーを経験した結果、抑うつというストレス反応が生起した、というように整理できます。ストレス反応には、怒りやイライラ、抑うつ、不安、無気力、ひきこもり、身体症状（頭痛や腹痛）などが考えられますが、重篤な反応にいたることが

順位	出来事	LCU 得点	順位	出来事	LCU 得点
1	配偶者の死	100	23	息子や娘が家を離れる	29
2	離婚	73	24	親戚とのトラブル	29
3	夫婦別居生活	65	25	個人的な輝かしい成功	28
4	拘留	63	26	妻の就職や離職	26
5	親族の死	63	27	就学・卒業	26
6	個人のけがや病気	53	28	生活条件の変化	25
7	結婚	50	29	個人的習慣の修正	24
8	解雇・失業	47	30	上司とのトラブル	23
9	夫婦の和解・調停	45	31	労働条件の変化	20
10	退職	45	32	住居の変更	20
11	家族の健康上の大きな変化	44	33	学校をかわる	20
12	妊娠	40	34	レクリエーションの変化	19
13	性的障害	39	35	教会活動の変化	19
14	新たな家族構成員の増加	39	36	社会活動の変化	18
15	仕事の再調整	39	37	10,000 ドル以下の抵当（借金）	17
16	経済状態の大きな変化	38	38	睡眠習慣の変化	16
17	親友の死	37	39	団らんする家族の数の変化	15
18	転職	36	40	食習慣の変化	15
19	配偶者との口論の大きな変化	35	41	休暇	13
20	10,000 ドル以上の抵当（借金）	31	42	クリスマス	12
21	担保、貸付金の損失	30	43	些細な違法行為	11
22	仕事上の責任の変化	29			

過去一定期間内の体験の有無を回答する。項目横に掲載された LCU（Life Change Units）得点を合計してストレッサーの総得点を算出する。

図 12-3　社会再適応評価尺度（Holmes & Rahe, 1967；小杉, 2006 による図）

あります（図 12-2）。

　ストレッサーにはウイルスのような生物的なもの、暑さ・寒さのような物理的なもののほかに、人間関係などの心理社会的ストレッサーが存在します。**ホームズとレーエ**（Holmes & Rahe）は、「**社会再適応評価尺度**」を作成し、さまざまなライフイベントの精神的健康への影響を示しています（小杉, 2006）。

　比較的大きな「ライフイベント」は、人生のなかでそう頻繁には遭遇しませんが、比較的些細なストレッサーは、日常的に経験します。人間関係上のいざこざ、テストで悪い点をとる、先生に叱られる、などです。「ちりも積もれば山となる」というように、このような**デイリーハッスルズ**（日常苛立事）の精神

最近次のことでイライラしますか？
あなたに当てはまる番号に○印をつけてください。

	大いにそうである	まあそうである	そうではない
1. 自分の将来のこと	1	2	3
2. 家族や親族の将来のこと	1	2	3
3. 自分の健康のこと（体力や眼、耳の衰え）	1	2	3
4. 家族の健康のこと	1	2	3
5. 出費がかさむこと	1	2	3
6. 借金やローンをかかえていること	1	2	3
7. 家族に対する責任が重すぎること	1	2	3
8. 収入が少ないこと	1	2	3
9. 職場（学生の場合は学校）や取引先との人間関係のこと	1	2	3
10. 家族（同居以外を含む）との人間関係のこと	1	2	3
11. 親戚関係のこと	1	2	3
12. 近所関係のこと	1	2	3
13. 毎日の家事（炊事、洗濯など）、育児について	1	2	3
14. 今の仕事（勉強等を含む）のこと	1	2	3
15. 他人に妨害されたり、足を引っ張られること	1	2	3
16. 義理の付き合いをしなければならないこと	1	2	3
17. 暇をもてあましがちであること	1	2	3
18. どうしてもやりとげられなければならないことがひかえていること	1	2	3
19. 孤独なこと	1	2	3
20. 生きがいが持てないこと	1	2	3
21. 異性関係のこと	1	2	3
22. 友人関係のこと	1	2	3
23. いつ解雇（学生の場合は退学）させられるかということ	1	2	3
24. 退職後の生活のこと	1	2	3
25. 自分の外見や容姿に自信が持てないこと	1	2	3
26. 生活していく上での差別	1	2	3
27. 生活が不規則なこと	1	2	3
28. 周りから期待が高すぎること	1	2	3
29. 陰口をたたかれたり、噂話をされること	1	2	3
30. 過去のことでこだわりがあること	1	2	3
31. 公害（大気汚染や近隣騒音など）について	1	2	3
32. コンピューターなどの新しい機械について行けないこと	1	2	3
33. 仕事の量が多すぎること	1	2	3
34. 朝夕のラッシュや遠距離通勤（通学を含む）のこと	1	2	3

合　計 [　　　] 点

【点数化法】
　1.「大いにそうである」、2.「まあそうである」に○をつけた事柄がストレス源です。
1を2点とし、2を1点とし、3を0点として加算してください。
　　0〜4点　弱
　　5〜9点　中
　　10〜18点　やや強
　　19点以上　かなり強い
　主観的ストレス源の強度を示します。

図12-4　日常苛立事尺度（宗像恒次　2004　パブリックヘルスリサーチセンター『ストレススケールガイドブック』実務教育出版，350-353）

的健康への影響も深刻になることがあります。このようなストレッサーは、「ライフイベント」と異なって、「山となる」状態になっていることに気づかず、さらに他者からもサポートされにくく、知らぬ間にストレス反応を引き起こしている可能性があります。

　図12-4にデイリーハッスルズを測定する尺度を掲載していますので、試しにチェックし、診断をしてみてください。

❸　学校ストレス

　児童生徒が学校で経験するストレッサーにはどのようなものがあるでしょうか。岡安・嶋田・丹羽・森・矢冨（1992）は、まず中学校教員への聞き取り調査をおこない、それをもとにして**学校ストレッサー**に関する質問紙を作成し、中学1・2年生に回答をもとめました。因子分析の結果、教師との関係・友人関係・部活動・学業・規則・委員活動の6因子を抽出しています（表12-1）。

　また、岡安ら（1992）は、中学生の学校におけるストレッサー評価とストレス反応との相関を調査しています。それによると、「友人関係」に関するストレッサーを経験することが、「抑うつ・不安感情」と結びついていました。さらに「学業」に関するストレッサーを経験することが、「無力的認知・思考」に結びついていました。

　ストレスの過程において、ストレス反応を軽減させる変数として、**ソーシャル・サポート**があげられます。ソーシャル・サポートとは、他者あるいは社会からの支援のことです。ソーシャル・サポートには、情緒的サポート、情報的サポート、道具的サポートが含まれます（齊藤，2008）。情緒的サポートとは、たとえば落ちこんでいるときにはげましてくれたり、そっと見守ってくれるようなサポートです。情報的サポートとは、たとえば進路で迷っているときに、いろいろな情報を提供してくれるようなサポートです。また、道具的サポートとは、たとえば試験勉強のときに参考書を貸してくれるようなサポートがあげられます。

表 12-1　中学生の学校ストレッサーの例 （岡安ら，1992 より抜粋）

教師との関係
　先生のやり方や、ものの言い方が気にいらなかった
　自分は悪くないのに、先生からしかられたり注意されたりした
　先生がていねいにわかりやすく教えてくれなかった
友人関係
　自分の性格のことや自分のしたことについて、友だちから悪口を言われた
　顔やスタイルのことで、友だちにからかわれたり、ばかにされたりした
　友だちとけんかをした
部活動
　勉強と部活動の両立がむずかしかった
　部活動で帰りがおそくなった
　部活動の練習がきびしかった
学業
　試験や成績のことが気になった
　試験や通知表の成績が悪かった
　先生や両親から期待されるような成績がとれなかった
規則
　時間をきちんと守るように注意された
　校則をやぶってしかられた
　服装や髪型について注意された
委員活動
　いやな仕事や苦手な仕事をやらされた
　委員の仕事をやらなければならなかった
　委員の仕事をしているのに、人から文句を言われた

　岡安・嶋田・坂野（1993）は、中学生が知覚したソーシャル・サポートが、学校ストレスの過程におよぼす影響について検討しています。それによると、中学生男子では母親からのサポートが有効な場合が多く、同女子では父親からのサポートが有効な場合が多いことがみいだされました。悩んでいるときや落ちこんでいるときに、親から励ましてもらったりアドバイスをもらったりすることは、中学生にとってストレスを緩和する重要な要因になっていることがわかります。

　さて、中学校以降になると、受験ということもストレッサーになってきます。石毛・無藤（2005）は、中学生の高校受験前後のストレスの様子を時系列的に検討しています。その結果、ストレス反応の抑制にはレジリエンス（精神的回

復力）のうち、「自己志向性」（自分の判断や行動を見直して自ら問題解決をしようとする自立的な傾向）および「楽観性」（物事をポジティブに考える傾向）が影響しているほか、母親、友人、教師のサポートが寄与していました。

❹ 認知的評価・対処理論

　客観的に同様のストレッサーがあったとしても、それが深刻なストレス反応に結びつく人もいれば、そうでない人もいます。われわれは、ストレッサーを認知してなんらかの評価をし、それに応じて対処をし、ストレス反応を防ごうと努力します。ストレッサーへの評価が深刻すぎたり、あるいは、対処に失敗したりすると、ストレス反応を増大させてしまいます。

　ラザルス（Lazarus, R. S.）と**フォルクマン**（Folkman, S.）は、ストレッサーに対する**認知的評価**を一次的評価と二次的評価にわけています（Lazarus & Folkman, 1984）。一次的評価（影響性の評価）は、ストレッサーとなりうるある出来事や事態が、どれだけ自分自身にとって害をおよぼすかということに関する判断です。一方、二次的評価（コントロール可能性の評価）とは、その出来事や事態をどれだけ自分がコントロールできるかということに関する判断です。人間は、このような認知的評価を通してストレッサーに対してなんらかの対処（**コーピング**）をおこない、その過程によってストレス反応の大小が決定されます。

　コーピングは、大きく、問題中心型コーピングと情動中心型コーピングに分類できます（表12-2）。問題中心型コーピングは、ストレッサーそのものを除去するというように、問題となっていることに焦点をあてた対処です。一方、情動中心型コーピングは、気を紛らわしてみたり、ストレッサーの価値や重要性を変更するように認知を変えてみたり、ストレッサーから距離をとってみたりというように、自己の情動に焦点をあてた対処のことです。

　一般的には、問題中心型コーピングが望ましいとされます（Billing & Moos, 1984; Folkman, et al., 1986）。情動中心型コーピングだけでは、本質的な問題が解決できないままになるからです。しかし、問題中心型コーピングと情動中心型

表 12-2　問題中心型コーピングと情動中心型コーピング

（中野敬子，2005 を一部改）

問題中心型コーピングの例	情動中心型コーピングの例
段階ごとに問題を考えてみる 問題の解決方法をいくつも考えてみる 経験に照らし合わせて解決方法を考える 出来事の状況をもっと詳しく調べる 問題解決のために積極的行動にでる 専門家（医者，弁護士など）に相談する 家族とその問題について話し合う 友だちに相談してみる	その出来事にプラスの面を見つける 一歩退いて出来事を冷静に見直す 誰かが助けてくれることを願う スポーツで気分転換する 最悪の事態に備えて心の準備をする 人に当たって気分をまぎらわす 食べることで緊張を和らげようとする タバコを吸って気を落ち着ける すべて自分の胸のうちにしまっておく 忙しくすることで忘れてしまおうとする どうにかなると考え，心配しないようにする

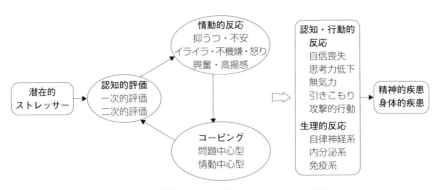

図 12-5　心理的ストレスモデル（岡安，1997 を一部改）

　コーピングをバランスよく使いわけることが必要です。解決困難な問題に問題中心型コーピングを多用しすぎると、バーンアウトの原因にもなります。ストレス対処の過程は、人間がストレッサーに直接的にかかわったり、あるいは自己の心理を安定させたりして、自己と環境の関係を調節していこうとする努力の過程といえます。

　一次的評価（影響性の評価）は、ストレッサーとなりうる出来事や事態が、どれだけ自分自身にとって害をおよぼすかということを判断するものですが、そ

れには、出来事や事態をとらえる「くせ」のようなものが影響します。たとえ
ば、試験で悪い点数をとった状況を考えましょう。「この試験で悪い点数をと
ればもう自分はだめだ」「試験ができないならば友人にも顔向けできない」など、
全か無かの思考、あるいは極端な思考をしがちな人は、それだけ影響性の評価
が大きいものになるでしょう。このように、認知のゆがみをもつ場合、ストレ
ス反応が大きくなると考えられます。

❺ 災害とストレス

　大きな地震などの大災害や、大きな事件事故に遭遇した場合、いわゆる
PTSD（心的外傷後ストレス障害）を引き起こす可能性があります。アメリカ精神
医学会の診断基準（DSM-5）によると、PTSD は、外傷的な出来事（死への危険
や重症、性的な暴力）にさらされたり、家族や友人がそのような経験をしたりす
るのを目撃あるいは耳にするなどした結果、次の症状を 1 カ月以上示した場合
に診断されます。すなわち、①心的外傷的な出来事の侵入症状（心的外傷的出来
事に関する記憶が反復的に不意に侵入する、心的外傷に関連する反復的な夢を見るなど）、
②心的外傷と関連した刺激の持続的回避（心的外傷と関連する思考やものを避けたり、
避ける努力をするなど）、③心的外傷と関連した認知と気分の陰性の変化（自分自
身や他者・世界に対する過剰に否定的な信念、心的外傷的出来事の重要な側面の想起不能な
ど）、④覚醒度と反応の著しい変化（苛立たしさと激しい怒りによる人や物への攻撃性、
睡眠の困難など）の 4 点です。

　冨永（2014）は、災害や事件後においては、学校が日常を回復すること（いつ
ものスケジュールに戻ること）が子どもたちの一番のこころのサポートになること
を指摘し、また、子どもたちは災害や事件のことを触れたくないという気持ち
になり（回避反応）、その結果、ケンカが増える（行動化）、保健室への来談が増
える（身体化）といったことを引き起こすとしています。学校における日常、
たとえば教師とのかかわりが、このようなストレス状況を緩和する重要な役割
を果たすことになります。

表 12-3　災害時の子どもにみられる身体化症状と行動の症状（永光, 2011）

	乳児期 （0 〜 5 歳）	学童 （6 〜 12 歳）	思春期児童 （13 〜 18 歳）
身体化症状	・夜泣き ・夜驚 ・おねしょ ・頻尿 ・下痢 ・便秘 ・食欲低下 ・チック ・発熱	・夜驚 ・頭痛 ・腹痛 ・便秘 ・吃音 ・食欲低下 ・喘息、アトピーの悪化 ・チック ・発熱	・頭痛 ・腹痛 ・下痢 ・吐き気 ・めまい ・耳鳴 ・過換気 ・眠れない ・食欲低下 ・手足が動かない ・喘息、アトピーの悪化 ・チック ・意識がボーっとなる
行動上の症状	・暗い所を怖がる ・甘えがひどくなる ・いつも一緒にいたがる ・トイレに一人で行けない ・指しゃぶり ・爪かみ ・赤ちゃん言葉 ・おっぱいを触る ・多弁 ・膝の上に乗りたがる ・乱暴な行動	・暗い所を怖がる ・甘えがひどくなる ・いつも一緒にいたがる ・トイレに一人で行けない ・爪かみ ・多弁 ・母親と一緒に寝たがる ・膝の上に乗りたがる ・乱暴な行動	・髪の毛を抜く ・落ちこむ ・苛立つ

　永光（2011）は、災害時の子どもにみられる身体化症状と行動の症状をまとめています（表 12-3）。とくに年齢の低い子どもは、自らの体験や感情を言葉にするのが難しく、幼児返りとみられる行動をとることがあります。

❻　摂　食　行　動

　次に、ストレスをはじめとした心理的な要因がかかわる、身体的健康に関連する行動として、**摂食行動**をとりあげます。児童生徒においても、なんらかの

精神的問題から摂食行動に異常をきたしている場合があります。それが社会適応上の問題にまでいたれば、摂食障害の可能性があります。

アメリカ精神医学会の診断マニュアル（DSM-5）（American Psychiatric Association, 2013）においては、「食行動障害および摂食障害群は、摂食または摂食に関連した行動の持続的な障害によって特徴づけられる」とされています。そのなかには、神経性やせ症や神経性過食症が含まれています。DSM-5によると、神経性やせ症の特徴は、必要量と比べてカロリー摂取を制限し、期待される最低体重を下回っており、それにもかかわらず、体重増加への強い恐怖や体重増加を妨げる持続した行動がみられる点があげられます。その背後には、自分の体重や体型に関する認識が不適切であることが考えられます。また、DSM-5によると、神経性過食症の特徴は、過食エピソードの繰り返し（食べることが抑制できない感覚をもつ）と、それに付随する自己誘発性嘔吐、薬剤の乱用、絶食、過剰な運動がみられること、自己評価が、体型や体重の影響を過度に受けていること、があげられます。

1998年に実施された日本での摂食障害の調査によると、食欲不振は10代、過食症は20代が多く、推定発症年齢をみると10代の占める割合が年々増加し、若年発症の傾向を示していると報告されています（厚生労働省ホームページより）。また、すでに10歳から発症する例もまれではなくなったとも指摘されています。なお、男女比は1対20であったということで、女性における発症が多いことが示されています。

摂食障害にかかわる心理的傾向として、他者との関係性があげられます。摂食障害傾向は、他者からの評価への敏感さと結びついている可能性があります。山蔦（2010）は、男女の大学生で、痩せ願望と他者評価不満の両者が強いと、むちゃ食い（BE）に類似した感覚や行動、極端なダイエット行動の出現率が高い可能性があることを示しました。

また、渋谷（2006）によると、摂食障害傾向の高い者は、低い者よりも、ダイエットをおこなうさいに、他者に負けたくないという目標、他者よりやせたいという目標が高いことが示されました。

さらに、摂食障害にかかわる心理的傾向として、不適切な自己の**ボディイメージ**があげられます。たとえば、八田・仁平（2008）によると、女子高校生において、摂食障害傾向群（過食、拒食）は、健常群よりも現実のBMI（Body Mass Index）の基準以上に、自分は太っていると評価する傾向が強いことが示されています。BMIは体重÷身長÷身長で算出される値であり、肥満度の基準となる数値です。

　また、外的刺激への影響のされ方も関係しそうです。たとえば、肥満者の心理的傾向についての研究を概観した小玉（2000）によると、肥満者の食行動は、内的手がかり（空腹感など）よりも、外的要因（食物刺激や食事環境、社交場面など）に影響されやすい傾向があるとしています。すなわち、肥満者は、匂いや外見といったものに反応しやすい傾向（外発反応性が高い傾向）をもつと考えられます。

　摂食障害の傾向には、これまでみてきた認知的な傾向だけではなく、日常的に経験する感情がかかわることが考えられます。田﨑（2007）は、女子学生で痩身願望が強い者は、自尊感情が低く、特性不安が高く、それにより情動的摂食、外発的摂食が起こり、さらに心理的安定感が失われ、意欲や体調にも負の影響をおよぼすことを示しました。

　また、摂食障害の傾向がある者は、ストレス過程においても、特徴がみられます。幸田・菅原（2009）は、ストレス過程と関連させて、女子大学生の**ダイエット行動**がむちゃ食い（BE）におよぼす影響について、時系列的に検討しています。その結果、「非構造的ダイエット」をすることが、後のBEを高めていることが示されました。「非構造的ダイエット」をすることによって、その反動として、BEが高まりますが、それによってまた「非構造的ダイエット」をする、という悪循環の関係があることが示唆されました。なお、「非構造的ダイエット」とは、「絶食する」などの短期間での大幅な体重減少を目的とするダイエットで、「間食やカロリーの高い食べ物を食べるのを控える」などの徐々に体重を減らしていく「構造的ダイエット」と区別されます（松本・熊野・坂野, 1997）。また、日常生活におけるストレッサー経験がBEを高めていることも示され、一般的なストレス解消の方略としてBEが生じていることが考えられま

した。以上のように、摂食行動の異常には、さまざまな心理的要因がかかわっていることが考えられます。

　本章でみてきたように、精神的な健康だけではなく、身体的な健康にも、心理的要因がかかわっています。教師の立場で考えると、児童生徒の、ストレス・コーピングやソーシャル・サポート、あるいは自己認知が、不適切なものにならないように、日ごろから留意する必要があるといえます。

（神藤　貴昭）

課　　題

① あなたのストレス対処法について書きなさい。
② 中高生のネットの利用に伴うストレッサーとしてどのようなものがあるか、考えてみましょう。

【文　　献】

American Psychiatric Association　2013　*Diagnostic and statistical manual of mental disorders fifth edition: Dsm-5*. American Psychiatric Association.　日本神経医学会（日本語版用語監修）　高橋三郎, 大野裕（監訳）　2014　DSM-5 精神疾患の診断・統計マニュアル．医学書院.

Bandura, A.　1977　Self-efficacy toward a unifying theory of behavior change. *Psychological Review*, **84**, 191-215.

Bandura, A.　1986　*Social foundations of thought and action: A social cognitive theory*. Englewood Cliffs, NJ: Prentice-Hall.

Billings, A. G., & Moos, R. H.　1984　Coping, stress, and social resources among adults with unipolar depression. *Journal of Personality and Social Psychology*, **46**, 877-891.

Folkman, S., Lazarus, R. S., Gruen, R. J. & DeLongis, A. 1986 Appraisal, coping, health status, and psychological symptoms. *Journal of Personality and Social Psychology*, **50**, 571-579.

八田純子・仁平義明　2006　摂食障害傾向にある女子高生の日常生活および身体に関する評価　健康心理学研究, **21**, 10-20.

Holmes, T. H. & Rahe, R. H.　1967　The social readjustment rating scale. *Journal of. Psychosomatic Research*, **11**, 213-218.

石毛みどり・無藤隆　2005　中学生における精神的健康とレジリエンスおよびソーシャル・サポートとの関連─受験期の学業場面に着目して─　教育心理学研究，**53**, 356-367.

幸田紗弥華・菅原健介　2009　女子大生のダイエット行動とストレスが Binge Eating に及ぼす影響　心理学研究，**80**, 83-89.

小玉正博　2000　肥満・高脂血症患者の心理的問題　岡堂哲雄・小玉正博（編）　生活習慣の心理と病気（現代のエスプリ別冊）．至文堂.

小杉正太郎　2002　ストレス研究の幕開け　小杉正太郎（編著）　ストレスの心理学：個人差のプロセスとコーピング．川島書店.

小杉正太郎　2006　ストレスと健康　小杉正太郎（編著）　ストレスと健康の心理学．朝倉書店.

厚生労働省ホームページ（http://www.mhlw.go.jp/kokoro/speciality/detail_eat.html）

Lazarus, R. S., & Folkman. S. 1984 *Stress, Appraisal and Coping*. New York: Springer　本明寛・春木豊・織田正美（監訳）1991　ストレスの心理学．実務教育出版.

松本聡子・熊野宏昭・坂野雄二　1997　どのようなダイエット行動が摂食障害傾向や binge eating と関係しているか？　心身医学，**37**, 426-432.

宗像恒次　2004　日常苛立事（主観的ストレス源）尺度　パブリックヘルスリサーチセンターストレススケールガイドブック．実務教育出版　350-353.

永光信一郎　2011　子どもにみられやすい身体化症状　藤森和美・前田正治（編）大災害と子どものストレス：子どもの心のケアに向けて．誠信書房　24-27.

中野敬子　2005　ストレス・マネジメント入門．金剛出版.

岡安孝弘　1997　健康とストレス　島井哲志（編）健康心理学．培風館　99-109.

岡安孝弘・嶋田洋徳・丹羽洋子・森俊夫・矢冨直美　1992　中学生の学校ストレッサーの評価とストレス反応との関係　心理学研究，**63**, 310-318.

岡安孝弘・嶋田洋徳・坂野雄二　1993　中学生におけるソーシャル・サポートの学校ストレス軽減効果　教育心理学研究，**41**, 302-312

齊藤勇　2008　人間関係の心理学：人づきあいの深層を理解する．培風館.

Selye, H.　1976　The stress of life, revised edition. McGraw-Hill Book. 杉靖三郎・田多井吉之介・藤井尚治・竹宮隆（訳）1988　現代生活とストレス．法政大学出版局.

渋谷聡　2006　青年期女子のダイエットにおける目標志向性と摂食障害傾向との関係　健康心理学研究，**19**(2), 29-35.

鈴木伸一　2004　ストレス研究の発展と臨床応用の可能性　坂野雄二（監修）・嶋田洋徳・鈴木伸一（編著）　学校、職場、地域におけるストレスマネジメント実践マニュアル．北大路書房　3-11.

田崎慎治　2007　大学生における痩身願望と主観的健康感、および食行動との関連　健康心理学研究, **20**(1), 56-64.

冨永良喜（編著）　2014　ストレスマネジメント理論による心とからだの健康観察と教育相談ツール集.　あいり出版.

山蔦圭輔　2010　食異常および摂食障害予防のための基礎的研究—身体像不満と食行動異常との関連性—　健康心理学研究, **23**(2), 1-10.

13 教育相談

はじめに

　大学で教育相談の授業をしていると、いじめ、不登校、非行などの学校不適応に強い関心を抱いている学生が多いことに気づかされます。それ自体はよいことだと思うのですが、教育相談で何をおこないたいかについて話を聞いてみると、まるで週刊の少年漫画誌でみかける主人公のような「圧倒的な児童生徒理解能力」を発揮して、いじめや不登校などの「強敵」をばったばったと倒していける存在になりたいという人が結構多いのに驚かされます。また、ワイドショーや実録ものをみるように「もっと全然知らないような珍しい事例ないのですか？」といった興味本位的な関心にすぎない人がいることもたしかです。さらに、過去の児童生徒時に自分に起きた学校不適応の体験にのみこまれていて、「自身が教師という立場になった場合に何ができるか」という視点をもてず、過去の教師批判をくりかえすばかりの人も散見されます。

　当然ながら教育相談には魔法も奥義も存在しませんので、大学で教育相談を学んだからといって、これまでの学校生活のなかで想像もできなかったすばらしい学校不適応への対処法を身につけることはできません。むしろ、「それはなにもしていないのと同じではないか？」と疑問に思ったり、「そんなあたりまえのことしか教えてくれないのか？」と物足りなさを感じたりする人のほうが多いのではないでしょうか。

　しかし、そこで「教育相談について大学で学んでも無駄だ。現場での経験がすべてだ」となるのもまた一面的なみかたにすぎません。教員になると同僚や研修の講師などよりさまざまな具体的な教育相談の実践例や具体例を教えてもらうことができますが、それらの具体的な活動が、どのような基礎理論にもとづいているのかということがわからないと、他の状況への応用もできませんし、実践や具体例を批判的にみることができないまま受け入れることになりかねません。そこで本章では教育相談の具体例や実践例の概観ではなく、教育相談の背景となる基礎的な理論の概観をめざすことにします。

❶ 教育相談と生徒指導

文部科学省が平成 22 年にとりまとめた**生徒指導提要**によると、「教育相談は一人一人の生徒の教育上の問題について、本人又はその親などに、その望ましい在り方を助言すること」とされています。そしてその方法としては、1 対 1 の相談活動に限定することなく、すべての教師が生徒に接するあらゆる機会をとらえ、あらゆる教育活動の実践のなかに生かし、教育相談的な配慮をすることが大切であるとされています。また、教育相談は、児童生徒それぞれの発達に即して、好ましい人間関係を育て、生活によく適応させ、自己理解を深めさせ、人格の成長への援助を図るものであり、決して特定の教員だけがおこなう性質のものではなく、相談室だけでおこなわれるものではないとも指摘されています。

こうした活動は生徒指導と似ているように思われますが、教育相談はおもに個に焦点をあてて、面接や演習を通して個の内面の変容を図ろうとするのに対して、生徒指導はおもに集団に焦点をあてて、行事や特別活動などにおいて集団としての成果や変容をめざし、結果として個の変容にいたるところにあるとされています。

上記のことより、それだけに偏ることは望まれませんが、教育相談においてとくに重要になるのは個人の内面を深く理解するための面接や演習などの技能であるといえ、その基礎としてカウンセリングなどの知識の取得が有効であるといえるでしょう。

❷ フロイトの精神分析

現在では、心の問題に**カウンセリング**などの心理療法が有効であることは広く受け入れられています。しかし、そのようなことが認められたのはそう古い話ではありません。フロイト（Freud, S. 図 13-1）が**精神分析**理論を提唱し、心の問題をその原因を追求して対策することで治療が可能であると主張する前は、

図13-1　フロイト

心の問題は神や悪魔や超神秘的体験の領域の問題としてとらえられるばかりで、「治療」という視点がなかったといわれています。現在、フロイトの精神分析理論を直接的な基礎として教育相談がおこなわれることはほとんどありませんが、さまざまな心理療法が生まれてくる最初の礎として重要なものであり、また有形無形、肯定否定のさまざまな形でその後の心理療法に影響を与えているのは事実です。

フロイトが精神分析で主張したことは非常に多いですが、基本的な治療原理としては「**無意識の意識化**」をあげることが可能です。心の問題は自分で気づける意識の領域ではなく、自分では気づけない無意識の領域の影響で起きることが多く、自分の意識できる領域のみでどれだけ頑張って考えたりしても解決にはいたりません（図13-2）。そのため夢や過誤行為などの現象や**自由連想法**などの手法を用いることで無意識を意識できるようにすることがめざされます。

精神分析理論では、フロイトにより**防衛機制**という概念が提唱されその後他の研究者による発展をみています（表13-1）。防衛機制は、心理臨床大辞典（1992）では、"衝動や情動（耐えがたい苦痛、不快、羞恥心、罪悪感、不安など）を意識化することによって引き起こされる心的苦痛―不安に対して、それらを無意識に追いやり、心の安定を保とうとする自我の保護的な働きを指す"と説明されています。さまざまな防衛機制をまとめたものを表にあげます。

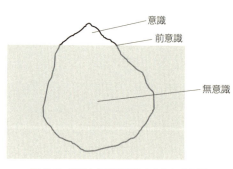

図13-2　意識と無意識の氷山のたとえの図

表 13-1　代表的な防衛機制 （心理臨床大辞典，1992 より作成）

防衛機制名	説明	具体例・ことわざ
投影（投映）	自分の心の中にある感情や資質や欲望を他者がもっているものと認知すること。	被害妄想
取り入れ（摂取）	主体が外的対象の諸機能を、幻想的に精神的表象として取り込む過程。	上の投影と対になる概念
同一視	主体が対象を模倣し、対象と同じように考え、感じ、ふるまうことを通じて、その対象を内在化する過程。	虎の威を借る狐
否認	知覚はしているが、それを自分で認めてしまうと不安を起こすような現実をそのまま現実として認知するのを拒否すること。	太ってきたが体重計にのらない
退行	現在の状態より以前の状態へ、あるいはより未発達な段階へと逆戻りすること。	子どもがえり
抑圧	意識することに耐えられない衝動、欲動などの内部の危機に対して意識からの拒絶と隔離によって自己を防衛すること。	臭いものに蓋をする
反動形成	自我にとって受け入れがたい本能衝動と反対方向の態度を過度に強調すること。	慇懃無礼
知性化（例：昇華、置き換え、代理満足）	社会的に認められにくい性や攻撃などの欲求・衝動・感情を直接表現したり解放したりするのを避け、一応これらを抑圧し、知的認識や観念的思考によってコントロールしようとすること。	スポーツへの打ち込みや芸術を通じた表現など
隔離（分離）	思考と感情を切り離したり、相異なった行為や意識内容、観念などの間に存在する関係を絶つように働く過程。	表と裏の使いわけ
合理化	自分のとった行為や思考などに対して、論理や倫理、道徳面で妥当な説明をつけることで自分の望んだ言動を不安なく遂行しようとすること。	酸っぱいブドウ
打ち消し	過去の思考・行為に伴う罪悪感や恥辱の感情を、それとは反対の意味をもつ思考ないしは行動によって打ち消すこと。	相手を非難した後でしきりにほめる

　フロイトはその他にも独自のパーソナリティ理論の提唱もおこないましたが、それについては第 10 章のパーソナリティの箇所で触れています。

❸ ロジャースの来談者中心療法

　フロイトの功績は非常に大きなものでしたが、精神分析にもとづいた心理療法には批判も多く存在し、治療期間が長期化することなどが問題点としてあげられていました。この原因のひとつとして、医者—患者という上下の関係が存在する治療関係におかれた患者は、治療してもらうという受身的な存在になることがあげられていました。

　ロジャース（Rogers, C. R., 図13-3）が提唱した**来談者中心療法**（**クライエント中心療法**）では、カウンセラー—クライエントというどちらかが上であるという関係性のない**対等な人間関係**の重要性が指摘されています。その関係性のなかでは、クライエントは治療を受ける受身の存在ではなく、主体的にカウンセリングを依頼する存在となります。そしてカウンセラーは、何かを指導するのではなくクライエントの自己探求を可能にするようにサポートする存在となります。こうした関係性のなかでカウンセリングがおこなわれることで、クライエントは本来人間誰もが有している**自己治癒力**を発揮できるようになり問題の解決につながることが指摘されています。

　上記の活動をすすめていくために、カウンセラーはクライエントの自己探求や自己表現を促進できるような態度を備えていることが求められます。その態度はカウンセラーの３条件とよばれるもので、**無条件の尊重**（受容的態度）・**共感的理解、自己一致**（真実性）があげられます。

　無条件の尊重（受容的態度）は、クライエントの話す内容などを否定せずに受け入れる姿勢です。友だちとの会話の場面を思いだしても、話したことをすべて否定する友だちに話すのよりも、受け入れてくれる友だちに対して話すほうが話しやすいことと同じといえます。共感的理解に関しても、共感して聞いてくれる友だち相手だと話しやすいことと基本的には同じことになります。しかし、共感とは「それは大変だね……」だとか「かわいそう……」と同情して慰めてくれることとは違うことに注意してください。相手を気の毒だと思うような反応は**共感**（empathy）ではなく**同情**（sympathy）とよばれ区別が必要とされ

ています。共感的理解とは、クライエントの心理・感情状態と同じ心理・感情状態になる能力を示し、クライエントが感じているようにカウンセラーも感じることによるクライエントの理解を意味しています。

自己一致（真実性）は、カウンセラーがカウンセリングの関係においては一致しており純粋であることが求められ、自由にかつ深く自分自身であり、カウンセラー自身の現実の体験がその自己意識によって正確に表現されることが求められるということになります（伊東, 1966）。具体的には、カウンセリングの場面でカウンセラーに生起するさまざまな感情（「このクライエントが恐ろしい」など）を「べき」論から否定しないということであり、それを否定してしまうことで自分自身もクライエントも欺くことになってしまわないことになります（横溝, 1983）。

図 13-3　ロジャース
(『サイコセラピィの過程（ロージァズ全集 4）』1966 年　伊東博訳編　岩崎学術出版社)

❹　傾聴の技法

　上記の 3 条件をカウンセラーが心がけるべき基本的姿勢だとすると、カウンセリングの場面でクライエントが自分の内的世界を自由に探索できるように促すための具体的な手法として**傾聴の技法**が存在します。傾聴の技法の基本として、クライエントの話したことをそのままクライエントに返す**おうむ返し**の技法があります。たとえば高校時代の友人と会ったさい、友人が「俺、大学やめたんだ」と言ってきた状況を考えてみてください。あなたは「それはお気の毒に」とか「それはもったいない！」などと自分の意見を言ってしまうのではないでしょうか。しかし、たとえばその友人が親のすすめでしぶしぶ入った大学で、やっと自分自身の力で生きていく勇気を得てやめた場合、上記のような返

答を受けていると自分の考えを素直に表明できなくなってしまいます。そうしたことを避けるためには、そのまま返すことでクライエントの発話を受け入れていることを表明しつつ、またクライエントに発話の順番を返すおうむ返しの手法が有効になります。

しかし、おうむ返しの重要性はわかっても、なかなかおうむ返しだけではうまくいかないことがあるのもたしかです。たとえばクライエントがたたみかけるように一挙に話をしてきた場合、それをそのままおうむ返しすることは困難です。その場合は、話された事実をもとに重要な点をまとめてかえすいいかえの技法や、話されたうちのとくに重要な感情に着目して返答する感情の反射の技法が存在します。また、クライエントが実感していながらもその感情を表明していないかできていないため、話されたことをそのまま返しても意味がない場合に、その感情をいいあてて返す感情の明確化などの技法も存在します。

また、上記の技法はあくまでもカウンセラー側からの働きかけをしない内容になっていますが、カウンセラーからの働きかけをおこなう技法も存在します。たとえば話す内容などについての指示はあたえずに「もう少し話してみましょうか」などと非指示的なリードをおこなうことや、クライエントにカウンセラーのみかたを伝える**フィードバック**、カウンセラーが自分の考えをクライエントに伝える**自己開示**などの技法も存在します。

❺ カウンセリングの効果

カウンセリングがすすむとクライエントには以下のような変化が起きるといわれています（伊藤, 1992）。(1) 自分の感情を言葉や行動によってより自由に表現するようになる。(2) その感情は自己とかけ離れたことよりも自己にかんしたものが多くなる。(3) 自分の感情や知覚の対象がしだいに分化し、弁別できるようになる。経験がより正確に象徴化される。(4) 表される感情は、自分の経験と**自己概念**との不一致に関するものが増える。(5) このような不一致による脅威を、意識のうえで経験するようになる。(6) 過去に意識することを拒

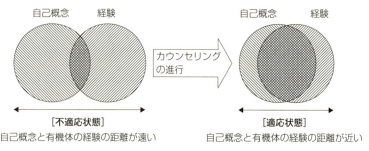

図 13-4　ロジャースによる自己概念と経験の関係の模式図

絶したり、歪曲していた感情を、意識のうえで十分に経験するようになる。(7)
自己概念は、かつて意識をすることを拒否したり、歪めて意識していた経験を
同化し、とりいれるように再構成される。(8)　自己概念の再構成によって、自
己概念はしだいに経験と一致するようになり、防衛が減少してくる。(9)　脅威
を感じることなしに、セラピストが示す無条件の積極的尊重を経験するように
なる。(10)　無条件の自己尊重を感じるようになる。(11)　自分自身を価値の主
体として経験するようになる。(12)　有機体が経験する価値づけの仮定にもと
づいて反応するようになる。

　自己概念は、自己を対象（客体）として把握し、意識化された概念です。具
体的には、「自分は怒りっぽい性格だ」、「自分はスポーツが苦手だ」といった、
自分の性格や身体的などに対する概念となります。この自己概念が、図 13-4
のように実際の経験とかけ離れている状態は、経験の歪曲や否定が起きて心理
的に不適応状態にあるとされます。そして、カウンセリングが進行するにつれ
て、自己概念の再構成がおこなわれることで、自己概念と経験との距離が近く
なり一致する部分が増えていきます。こうしたプロセスをサポートすることが、
カウンセラーの役目であるといえましょう（図 13-4）。

❻　非言語的心理療法

　先にあげたフロイトの精神分析やロジャースの来談者中心療法は、基本的に

図13-5　プレイルームの例

図13-6　箱庭の設備の例

は会話をもとにした心理療法です。しかし、自分のことを表現できるほど言語能力が発達していない子どもなどを対象とした場合は、言語を媒介しない**非言語的心理療法**が有効となります。

ロジャースの来談者中心療法を幼児や児童を対象にあてはめたものとして遊戯療法が存在します。これは、遊びがもつ表現能力や治癒能力を生かしたものであり、ロジャース以外にも**アンナ・フロイト**（Freud, A.）や**アクスライン**（Axline, V.）などによって発展させられてきました。

幼児や児童はおもちゃや遊具のそろった**プレイルーム**（図13-5）において、基本的には何をして遊んでも許されます。すなわち、プレイルームは自由で許された空間となります。このようななかで思う存分体を動かすだけでもさまざまな発散の効果が期待できますし、子どもが遊びのなかでみせるさまざまな表現から子どもの理解にもつながっていきます。

また、その他非言語的心理療法として、箱庭療法や音楽療法などがあります。**箱庭療法**は、**ローエンフェルト**（Lowenfeld, M.）の世界技法をもとに**カルフ**（Kalff, D.）が発展させたものであり、日本への導入は**河合隼雄**によってなされました。言語的な意思表示よりも非言語的なものを好む日本人の性格的特性や、日本庭園、盆石や箱庭遊びの文化へのなじみの存在などにより、箱庭療法は日本でとくに発展してきました。縦57cm×横72cm×高さ7cmの内側を青く塗られ

た砂箱に砂が入っていて、砂をかきわけることで水をイメージすることができるようになっています。その砂箱のなかに動植物や海獣、乗り物、人間や建物などの小玩具を配置して箱庭をつくっていきます。なお、箱庭をつくる過程自体は非言語的なものですがが、つくられた箱庭に存在する物語の理解を目指して言語によるコミュニケーションをおこなうことも多いです（図13-6）。

音楽療法は、日本音楽療法学会の定義によると、「音楽の持つ生理的、心理的、社会的働きを用いて、心身の障害の回復、機能の維持改善、生活の質の向上、行動の変容などに向けて、音楽を意図的、計画的に使用すること」とされています。

❼ 行 動 療 法

精神分析理論や来談者中心療法を大きくまとめると、心の問題の原因探求や自己への気づきを通した「自己の内面の変化」が問題解決に必要とされているといえます。望ましい行動をとれない原因をなくすことや、望ましい行動をとれない自分への気づきを通じて、望ましい行動をとれるようにしていくアプローチといえます。しかし、望ましい行動が増えるためには内面的な変化は必要はなく、学習理論にもとづいて直接的に望ましい行動を増加させたり、望ましくない行動を減少させたりすることをめざすアプローチもあり、**行動療法**とよばれます。

内山（1972）によると、**ウォルピ**（Wolpe, J.）は行動療法を以下のように定義しています。「行動療法は条件づけ療法ともいい、不適応行動を変革する目的で、実験上確認された学習諸原理を適用し、不適応行動を減弱・除去するとともに、適応行動を触発・強化する方法である（Wolpe, 1969）。」また、内山は日本での行動療法の適用についてまとめており（1972）、おもに現在**リラクセーション**の方法の基礎となっている**ジェイコブソン**（Jacobson, E.）による**漸進的筋弛緩法**、**シュルツ**（Schultz, J. H.）による**自律訓練法**などの手法や、それらと**不安階層表**などを組みあわせるウォルピによる**系統的脱感作法**などの紹介をしています。

行動療法は、高所恐怖や視線恐怖などの恐怖症などのほか、不登校などにも適用がなされ効果を上げています。

❽　学校での教育相談 ●

　これまで、教育相談の基礎理論についてみてきましたが、実際に学校でおこなわれる教育相談はどのようなものでしょうか。生徒指導提要（2011）では、学校での教育相談の利点として、①早期発見・早期対応が可能、②援助資源が豊富、③連携がとりやすい、の３点をあげています。①の早期発見・対応に関しては、日ごろから児童生徒と同じ場で生活して児童生徒を観察し、かつ家庭環境や成績など多くの情報を得ることができるため、問題が大きくなる前にいち早く気づくことができるとされています。

　②の援助資源としては、具体的には学級担任・ホームルーム担任をはじめ、教育相談担当教員、養護教諭、生徒指導主事、などさまざまな立場の教員があげられています。また、校長、教頭は管理職ならではの指導・支援ができ、専科教員や授業担当者、部活動の顧問は、日常の観察やきめ細かいかかわりが可能だとされています。さらに、最近では外部人材として心の専門家であるスクールカウンセラーや社会福祉的な視点からの見立てや支援をおこなうスクールソーシャルワーカーも配置され始めたことが指摘されています。

　③の連携のとりやすさに関しては、学校の内部においては、上記のようにさまざまな教員がいて連携をとることができ、また、外部との連携においても、学校という立場から連携がとりやすいことが指摘されています。連携の対象となる外部機関としては、相談機関、医療機関、児童相談所等の福祉機関、警察等の刑事司法関係の機関があげられます。しかし、こうした多くの機関が利用可能であるといっても、平素の連携体制ができていないと事が生じたときに適切な利用ができないことも考えられますし、かかわる機関が増えるとともに個人情報の管理や**守秘義務**の徹底などが困難になる問題点も考えられます。

　上では、学校における教育相談の利点をあげましたが、学校で教育相談をお

こなうがゆえの問題点というものも存在します。生徒指導提要（2011）では、① 実施者と相談者が同じ場にいることによる難しさ、② 学級担任・ホームルーム担任が教育相談をおこなう場合の葛藤の2点があげられています。①に関しては、教育相談の実施者が、相談を受ける児童生徒と学校という同じ場で生活しているため、教育相談における面接に、それ以外の場面の児童生徒と教員の人間関係が反映しがちであることが問題点としてあげられています。「相談したらテストの点が悪くなったらどうしよう」、「悩みがあることを知られたらレギュラーから外されるのでは……」などと感じ、相談がためらわれてしまう可能性などが考えられます。このような場合には、担任ではなくスクールカウンセラーなどの、児童生徒が中立的と感じやすい者が教育相談をおこなえるような連携が有効に働く可能性が指摘されています。

　②の葛藤に関しては、とくに問題行動などに対応する場面では、児童生徒に対する指導的かかわりを担わなければならない立場と、教育相談の実施者としての役割という、一見矛盾した役割を同時に担うことによる葛藤の存在が指摘されています。問題行動を起こしたことをわかる立場と、それを指導する立場が相反しやすいことは容易に想像でき、またこうした問題については、何が答えかということも即答できない問題であることもまた自明ではないでしょうか。しかし、即答できないからといって思考停止に陥らず、また安易になんらかの答えに飛びつくこともせず、対象となる児童生徒それぞれに対して何が有効であるかを絶えず問い続ける姿勢が重要となると思われます。

❾　スクールカウンセラー

　先の節で、学校での教育相談は学校内外での連携が不可欠であることが確認されましたが、その連携の中核となることが期待される役割としてスクールカウンセラーがあげられます。生徒指導提要（2011）では、スクールカウンセラーの役割として1. 児童生徒へのアセスメント活動、2. 児童生徒や保護者へのカウンセリング活動、3. 学校内におけるチーム体制の支援、4. 保護者、教職

員に対する支援・相談・情報提供、5. 関係機関等の紹介、6. 教職員などへの研修活動などがあげられています。

　文部科学省がおこなったスクールカウンセラーに関するアンケート調査によると、大きくわけて以下の4点の意義・成果がスクールカウンセラーの配置によって認められたとされています（文部科学省, 2007）。

1．学校外のいわば「外部性」を持った専門家として、児童生徒と教員とは別の枠組み、人間関係で相談することができるため、スクールカウンセラーならば心を許して相談できるといった雰囲気を作り出している。
2．教職員等も含めて、専門的観点からの相談ができる。
3．相談場所が学校であるため、児童生徒、教職員、保護者が外部の専門機関に自費で相談に行かなくても、比較的平易に相談できる。
4．学校全体の連絡会等に参加することによって、学校の一体的な教育相談体制を向上させ、生徒理解の促進に寄与する。

　上記の意義・成果はスクールカウンセラーがもつ「外部性」および「第三者性」が有効に働いたときにみられるものですが、それは学校内部にしっかりとした連携体制が不可欠であり、各学校において、スクールカウンセラーの役割、業務等を明確にし、全教職員が共通認識をもつことが重要であると指摘されています（文部科学省, 2007）。

（久木山　健一）

課　　題

① 防衛機制より1つをとりあげ、自分の例で説明してください。
② 聴き上手な友人や先生を思いだし、その人について本章の内容より考察してください。

【文　　　献】

伊東　博（編訳）　1966　サイコセラピィの過程（ロージァズ全集4）．岩崎学術出版社.

伊藤義美　1992　カウンセリング　田畑　治・蔭山英順・小嶋秀夫（編）　現代人の心の健康　―ライフサイクルの視点から―．名古屋大学出版会.

文部科学省　2007　児童生徒の教育相談の充実について　―生き生きとした子どもを育てる相談体制づくり.

（http://www.mext.go.jp/b_menu/shingi/chousa/shotou/066/gaiyou/1369810.htm）

文部科学省　2011　生徒指導提要．教育図書.

内山喜久雄　1972　行動療法（サイコセラピー・シリーズ）．文光堂.

氏原　寛・小川捷之・東山紘久・村瀬孝雄・山中康裕（編）　1992　心理臨床大辞典．培風館.

Wolpe, J. 1969 *The practice of behavior therapy.* Pergamon Press.

横溝亮一　1983　クライエント中心療法．佐治守夫・飯長喜一郎（編）　古典入門ロジャース　クライエント中心療法　―カウンセリングの核心を学ぶ．有斐閣.

コラム8　教師のカウンセリングマインド

　これまでの内容は基本的には心の専門家がおこなう心理療法に関しての説明でした。しかし、最後の節であげた学校での教育相談の問題点などもあり、心理療法の知識を担任としてそのまま援用することは非現実的であることはたしかです。そのため、学校における教育相談の場面で教師がこころがけるべき態度は**カウンセリングマインド**とよばれています。以下、譲（2007）が指摘した9点をあげます。

　（1）秘密を守るこころ、（2）聴き上手をめざすこころ、（3）鏡の役割をはたすこころ、（4）クライエントの自己治癒力を信頼するこころ、（5）現在の感情をそのまま受容するこころ、（6）わかろうとするこころ、（7）最小限の制限を大切にするこころ、（8）問題行動の苦悩の意味を味わうこころ、（9）クライエントのペースを尊重するこころ。

　本章をじっくり読まれた人でしたら、カウンセリングマインドであげられた9点が、心理療法のどの理論から来ているものなのか、また、どのような制限が考えられているのかについて推測できるのではないでしょうか？

（久木山　健一）

【文　　献】

譲　西賢　2007　カウンセリングマインド．二宮克美・宮沢秀次・大野木裕明・譲　西賢・浦
　上昌則（著）　2007　ガイドライン　発達学習・教育相談・生徒指導．ナカニシヤ出版．

14 発達障害と特別支援教育

はじめに

第10章で学んだように、子どもたちにはそれぞれ個性があります。得意なことだけではなく、不得意なことがあります。たとえば、級友と仲良くするために、一生懸命かかわろうとしますが、相手からみて自分の言動や行動がどうみえるのか推測するのが苦手で、相手が気にするような言葉を発してしまい、避けられてしまう子どもがいます。教師がその場面をみた場合、その子の不適切な行動を修正しようと「叱る」ことが多いでしょう。しかし、その子どもは、悪気はないし、なぜ叱られたのかよくわかりません。どうするべきだったのかもわかりません。したがって、しばらくたつとまた同じことをくりかえしてしまいます。

また、本を読んだり、文章を書いたりすることはできますが、いくらがんばっても、聴くことが苦手な子どもがいます。教師から口頭であげられた注意事項を理解できなかったり、すぐに忘れてしまったりします。その子どもは、読んだり書いたりすることはできるので、教師は「さぼらないできちんと聴きなさい」と叱ることになります。しかし、その子どもはどうするべきか、わかりません。

このように、それぞれに特有の場面で、「困り感」をもっている子どもたちがいます。教師やまわりの子どもにとっては「できて当然」「わかって当然」と思うことでも、その子どもにとっては、遂行するのに莫大なエネルギーがかかり、しかも失敗し、叱られてしまう、という経験をすることになるのです。

そのような子どもたちのなかには「**発達障害**」をかかえている子どもたちがいます。

❶ 発達障害とは

2005年に施行された発達障害者支援法では、「『発達障害』とは、自閉症、アスペルガー症候群その他の広汎性発達障害、学習障害、注意欠陥／多動性障

表14-1　おもな発達障害の定義について（文部科学省ホームページをもとに作成）

●**自閉症**〈Autistic Disorder〉
　3歳位までに現れ、他人との社会的関係の形成の困難さ、言葉の発達の遅れ、興味や関心が狭く特定のものにこだわることを特徴とする行動の障害であり、中枢神経系に何らかの要因による機能不全があると推定される。

●**高機能自閉症**〈High-Functioning Autism〉
　3歳位までに現れ、他人との社会的関係の形成の困難さ、言葉の発達の遅れ、興味や関心が狭く特定のものにこだわることを特徴とする行動の障害である自閉症のうち、知的発達の遅れを伴わないものをいう。また、中枢神経系に何らかの要因による機能不全があると推定される。

●**アスペルガー症候群**〈Asperger Syndrome〉
　知的発達の遅れを伴わず、かつ、自閉症の特徴のうち言葉の発達の遅れを伴わないものである。

●**学習障害（LD）**〈Learning Disabilities〉
　基本的には全般的な知的発達に遅れはないが、聞く、話す、読む、書く、計算する又は推論する能力のうち特定のものの習得と使用に著しい困難を示す様々な状態を指すものである。学習障害は、その原因として、中枢神経系に何らかの機能障害があると推定されるが、視覚障害、聴覚障害、知的障害、情緒障害などの障害や、環境的な要因が直接の原因となるものではない。

●**注意欠陥／多動性障害（ADHD）**〈Attention-Deficit/Hyperactivity Disorder〉
　ADHDとは、年齢あるいは発達に不釣り合いな注意力、及び／又は衝動性、多動性を特徴とする行動の障害で、社会的な活動や学業の機能に支障をきたすものである。また、7歳以前に現れ、その状態が継続し、中枢神経系に何らかの要因による機能不全があると推定される。

害その他これに類する脳機能の障害であってその症状が通常低年齢において発現するもの」とされています。「脳機能の障害」であるので、これらの障害は、先天的なものであり、たとえば育て方などの環境によって発現したものではないと考えられます。

　以下では、自閉症スペクトラム（自閉症、高機能自閉症、アスペルガー症候群）、学習障害、注意欠陥／多動性障害について概説します。文部科学省では、それぞれの障害を表14-1のように定義しています。

1.　自閉症スペクトラム

　自閉症における障害として、社会性の障害、コミュニケーションの障害、想像性の障害が指摘されています。これらは自閉症の3つ組の障害といわれます。
　社会性の障害とは、アイコンタクトをとる、表情によって感情を示すなど、

対人関係を築き維持するにあたって必要なことに困難を示すことです。いわゆる「空気を読む」ことが困難で、集団行動をとることができなかったりします。

コミュニケーションの障害とは、話し言葉の発達が遅かったり、独特な言い回しをしたりするといったことがあげられます。また、言葉を字面どおりにとらえ、冗談や比喩を理解することが困難である場合もあります。

想像性の障害とは、目に見えないことを想像するのが苦手であるということです。見通しがたたないことを想像することが苦手です。予定の急な変更、たとえば時間割の急な変更などで、精神的に混乱をすることがあります。また、他者の心を推測することが苦手です。これらによって、まわりの児童生徒から奇妙な行動を示す子だととらえられやす

これはサリーです。　これはアンです。
サリーはカゴをもっています。　アンは箱をもっています。

サリーはビー玉をもっています。
サリーはビー玉を自分のカゴに入れました。

サリーは外に散歩に出かけました。

アンはサリーのビー玉をカゴから取り出すと、自分の箱に入れました。

さて、サリーが帰ってきました。　サリーは自分のビー玉で遊びたいと思いました。
サリーがビー玉を探すのはどこでしょう？

図 14-1　サリーとアンの課題（Frith, U., 2003をもとに作成）

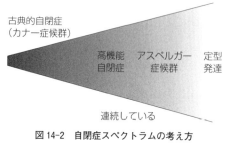

古典的自閉症
(カナー症候群)

高機能　アスペルガー　定型
自閉症　症候群　　　発達

連続している

図14-2　自閉症スペクトラムの考え方

（宮尾，2008 を修正）

くなります。また、興味・関心の偏りもみられ、興味をもったこと以外のことについては行動を起こそうとしない場合も多いとされます。

他者の心を推測することが苦手であることは、いわゆる「サリーとアンの課題」（図14-1）に困難を示すことがあげられます。

上記の３つの障害に加えて、知的発達の遅れがみられる場合、**古典的自閉症**（いわゆる**自閉症**、カナー型自閉症）とされます。

一方、この３つの障害はみられるが、知的発達の遅れがみられない場合、**高機能自閉症**とされます。

また、社会性の障害、想像性の障害はみられるが、言語的なコミュニケーショ

表14-2　自閉症スペクトラム障害（ASD：Autism Spectrum Disorder）**の診断基準の要旨**（DSM-5 日本語版をもとに作成）

以下のA，B，C，Dを満たしていること。

A．社会的コミュニケーションおよび相互関係における持続的欠陥。
 1．対人的・情緒的な相互関係の欠落（対人的に異常な近づき方、感情共有の少なさなど）。
 2．非言語的コミュニケーション行動の欠陥（視線をあわせること、身振り、表情の異常など）。
 3．人間関係を発展、維持、理解することの欠陥（友人を作ることなど）。
B．行動、興味、または活動の限定された反復的な様式（以下の２点以上の特徴）。
 1．常同的または反復的な身体運動や物の使用、会話（おもちゃを一列に並べるような単調な行動、独特な言い回しなど）。
 2．同一性への固執、習慣への頑ななこだわり、言語・非言語的な儀式的行動様式（同じ道順など）。
 3．強度または対象において異常なほど、きわめて限定され執着する興味。
 4．感覚刺激に対する過敏さまたは鈍感さ、または環境の感覚的側面に対する並外れた興味（特定の音に敏感、対象を過度に嗅いだり触れたりするなど）。
C．症状は発達早期に存在（後になって明らかになる場合もある）。
D．症状は社会的、職業その他の重要な領域における現在の機能に意味のある障害を引き起こしている。
E．これらの障害は、知的能力障害または全般的発達遅延ではうまく説明されない。

ンにおいて発達しており、知的発達の遅れもみられない場合、**アスペルガー症候群**とされます。

古典的自閉症、高機能自閉症、アスペルガー症候群はそれぞれ境界があいまいな部分もあり、連続帯（**自閉症スペクトラム**）としてとらえられます。

医学的には、アメリカ精神医学会の診断マニュアル（DSM-5）において、「自閉症スペクトラム障害」として表14-3にあるような基準で診断されます（American Psychiatric Association, 2013）。

なお、旧版の診断マニュアルであるDSM-Ⅳ-TRでは、「アスペルガー障害」の診断基準も別途定められていましたが、2013年5月に改訂され、DSM-5が発表され、アスペルガー症候群という名称が使用されなくなりました。

2. 学習障害（LD）

学習障害（LD：Learning Disabilities）は、文部科学省によると「基本的には全般的な知的発達に遅れはないが、聞く、話す、読む、書く、計算する又は推論する能力のうち特定のものの習得と使用に著しい困難を示す様々な状態を指す」と定義されます（表14-1）。

聞く、話す、読む、書く、計算する、推論する能力の習得と使用に関する困難の、それぞれの具体例を、表14-3にあげます。これは、2003年に文部科学省によって実施された「通常の学級に在籍する特別な教育的支援を必要とする児童生徒に関する全国実態調査」で用いられたLDに関するチェックリストを、各能力別に分類して示したものです。

医学的には、アメリカ精神医学会の診断マニュアル（DSM-5）において、「限局性学習障害」として表14-4にあるような基準で診断されます（American Psychiatric Association, 2013）。

3. 注意欠陥／多動性障害（ADHD）

注意欠陥／多動性障害（ADHD：Attention-Deficit / Hyperactivity Disorder）は、文部科学省によると「年齢あるいは発達に不釣り合いな注意力、及び／又は衝動

表 14-3　文部科学省（2003）調査で用いられた LD のチェックリスト

●**聞く**
・聞き間違いがある（「知った」を「行った」と聞き間違える）
・聞きもらしがある
・個別に言われると聞き取れるが、集団場面では難しい
・指示の理解が難しい

●**話す**
・話し合いが難しい（話し合いの流れが理解できず、ついていけない）
・適切な速さで話すことが難しい（たどたどしく話す。とても早口である）
・ことばにつまったりする
・単語を羅列したり、短い文で内容的に乏しい話をする
・思いつくままに話すなど、筋道の通った話をするのが難しい
・内容をわかりやすく伝えることが難しい

●**読む**
・初めて出てきた語や、普段あまり使わない語などを読み間違える
・文中の語句や行を抜かしたり、または繰り返し読んだりする
・音読が遅い
・勝手読みがある（「いきました」を「いました」と読む）
・文章の要点を正しく読みとることが難しい

●**書く**
・読みにくい字を書く（字の形や大きさが整っていない。まっすぐに書けない）
・独特の筆順で書く
・漢字の細かい部分を書き間違える
・句読点が抜けたり、正しく打つことができない
・限られた量の作文や、決まったパターンの文章しか書かない

●**計算する**
・学年相応の数の意味や表し方についての理解が難しい（三千四十七を300047 や 347 と書く。分母の大きい方が分数の値として大きいと思っている）
・簡単な計算が暗算でできない
・計算をするのにとても時間がかかる
・答えを得るのにいくつかの手続きを要する問題を解くのが難しい（四則混合の計算。2 つの立式を必要とする計算）
・学年相応の文章題を解くのが難しい
・学年相応の量を比較することや、量を表す単位を理解することが難しい（長さやかさの比較。「15cm は 150mm」ということ）
・学年相応の図形を描くことが難しい（丸やひし形などの図形の模写。見取り図や展開図）

●**推論する**
・事物の因果関係を理解することが難しい
・目的に沿って行動を計画し、必要に応じてそれを修正することが難しい
・早合点や、飛躍した考えをする

表 14-4　限局性学習障害（Specific Lerning Disorder）の診断基準の要旨（DSM-5 日本語版をもとに作成）

> A．以下の症状の少なくとも１つが存在し、６か月以上持続している。
> (1) 不的確または速度が遅く努力を要する読字
> (2) 読んでいるものの意味を理解することの困難さ
> (3) 綴字の困難さ
> (4) 書字表出の困難さ
> (5) 数字の概念、数値、または計算の習得の困難さ
> (6) 数学的推論の困難さ
> B．学業、職業遂行能力、または日常生活活動に意味のある障害を引きおこしている。
> C．学習困難は学齢期に始まるが、完全に明らかにならないかもしれない。
> D．学習困難は知的能力障害群、被矯正視力・聴力などでうまく説明されない。

性、多動性を特徴とする行動の障害で、社会的な活動や学業の機能に支障をきたすもの」と定義されます（表 14-1）。

　注意力の問題とは、たとえば、学校においては、授業に集中できない、テスト問題でケアレスミスが多いなどの行動で現れます。衝動性の問題とは、たとえば、人が話し終わる前に言いたいと思ったことを喋ってしまうなどがあげられます。多動性の問題とは、教室でじっとしていることができず、立ち歩いてしまうという行動があげられます。

　医学的には、注意欠陥多動性障害は、アメリカ精神医学会の診断マニュアル（DSM-5）において、表 14-5 にあるような基準で診断されます（American Psychiatric Association, 2013）。

❷　特別支援教育

　「**特別支援教育**」とは、「障害のある幼児児童生徒の自立や社会参加に向けた主体的な取組を支援するという視点に立ち、幼児児童生徒一人一人の教育的ニーズを把握し、その持てる力を高め、生活や学習上の困難を改善又は克服するため、適切な指導及び必要な支援を行うもの」です（文部科学省「特別支援教育について」）。

　2003 年 3 月に「特別支援教育の在り方に関する調査研究協力者会議」が「今後の特別支援教育の在り方について（最終報告）」をとりまとめ、障害の種類や程

（DSM-5 日本語版をもとに作成）

A．(1)および／または(2)によって特徴づけられる。
(1) 不注意：以下の症状のうち 6 つ（17 歳以上では 5 つ）以上が 6 か月以上にわたって持続し、
　　　社会的・学業的・職業的活動に悪影響を及ぼしている。
　　a．学業等で綿密な注意ができず、不注意な間違いをしやすい。
　　b．注意を持続することが困難（講義など）。
　　c．話しかけられたときに、話を聞いていないように見える。
　　d．指示に従えず、学業などの義務を遂行できない。
　　e．課題や活動を順序だてることができない。
　　f．精神的努力の持続が必要な課題（宿題など）を避け嫌う。
　　g．課題や活動に必要なもの（教材など）をなくしてしまう。
　　h．外的刺激で気が散る。
　　i．日々の活動（用事など）を忘れがちである。
(2) 多動性／衝動性：以下の症状のうち 6 つ（17 歳以上では 5 つ）以上が 6 か月以上にわたって
　　　持続し、社会的・学業的・職業的活動に悪影響を及ぼしている。
　　a．手足をそわそわした動かしたり、いすの上でもじもじする。
　　b．着席が求められている場面（教室など）で離席する。
　　c．不適切な状況で走り回ったり高いところへ登ったりする。
　　d．静かに遊んだり余暇活動につくことができない。
　　e．じっとしていることができない。　　f．しゃべりすぎる。
　　g．質問が終わる前に出し抜いて答え始める。　　h．順番待ちが困難である。
　　i．他人への妨害、邪魔をする（会話など）。
B．不注意、多動性／衝動性の症状のいくつかは 12 歳になる前から存在していた。
C．不注意、多動性／衝動性の症状のいくつかが 2 つ以上の環境（家庭、学校、職場、友人といると
　　きなど）で存在している。
D．症状が社会的、学業的、職業的機能を損ねている明確な証拠がある。
E．統合失調症や他の精神障害の経過中にのみ起こるのではなく、他の精神疾患（気分障害など）
　　でうまく説明できない。

度に応じ特別の場で指導をおこなう「特殊教育」から、通常の学級に在籍する
LD・ADHD・高機能自閉症等の児童生徒も含め、障害のある児童生徒に対して
その一人ひとりの教育的ニーズを把握し適切な教育的支援をおこなう「特別支
援教育」への転換を図り、またその推進体制を整備することが提言されました。
　2005 年 12 月には、中央教育審議会において「特別支援教育を推進するため
の制度の在り方について（答申）」がとりまとめられ、そこでは、「通常の学級
に在籍する LD・ADHD・高機能自閉症等の児童生徒に対する指導及び支援が

喫緊の課題となっており、「特別支援教育」においては、特殊教育の対象となっている幼児児童生徒に加え、これらの児童生徒に対しても適切な指導及び必要な支援を行うものである」とされました。

また、2007年4月から、「特別支援教育」が学校教育法に位置づけられました。従来の盲・聾・養護学校の制度は複数の障害種別を受け入れることができる特別支援学校の制度に転換されました。また小・中学校等においても特別支援教育を推進することが法律上明確に規定され、すべての学校において、障害のある幼児児童生徒の支援を充実させていくこととなりました。

学習障害（LD）、注意欠陥／多動性障害（ADHD）、高機能自閉症等、学習や生活の面で特別な教育的支援を必要とする児童生徒数については、約6.5パーセント程度の割合で通常の学級に在籍している可能性があるとしています（文部科学省が平成24年に実施した「通常の学級に在籍する発達障害の可能性のある特別な教育的支援を必要とする児童生徒に関する調査」による）。

❸ 発達障害のある児童生徒とのかかわり

次に、教師として、発達障害のある児童生徒とどのようにかかわることができるかを考えましょう。発達障害のある子どもは、「困り感」をもっています。つまり、悪気があってやっているわけではないことに対して、教師から叱られたり、級友から困惑されたりすることが多く、しかしながら、なぜ叱られているかわからなかったり、どうすればいいのかわからず、「困り感」をもつのです。

たとえば、級友が気にしていることをしつこく言って（「なぜ太っているの?」など）、先生から叱られる場合、なぜ叱られるのか、わからない場合があります。ただ叱るのではなく、ゆっくりと丁寧に説明をする必要があります。

また、別の例では、感覚過敏（発達障害のある子どもには感覚過敏の子が多くいます）で、他人から触られると暴れてしまう子どもの場合には、「暴れてはいけません」とだけいうのではなく、「触られて嫌なときは、触らないでねと優しく言おうね」というように、「何をしてはいけないか」だけではなく、「何をすべきか」を伝

える必要があります。発達障害のある子には、叱られてばかりいることにより、自己肯定感をもてなくなったり、教師や親を恐怖に感じたりする子もいるのです。

　一見、なぜそのような行動をとるのか、わからない行動でも、理由があることが多いと考えられます。これを行動分析学の観点からみていきましょう。たとえば、たまに暴れてしまう子どもがいた場合、「暴れる」という行動をとる前になんらかの先行刺激が存在しています。その先行刺激は、たとえば、「これから、数学の教科書15ページにある問題を3問解いて、その後答え合わせをして、できたらそのノートを先生のところにもって来なさい。それができたらできた人から保健室に行きなさい」などというように、複雑な指示をすること、あるいは複数の指示を一時にすることであったりします。そのような複雑なことを言われたら、何をしていいかわからず、暴れると少しすっきりするとともに先生がやってきて、少々叱られつつも個別の指示をもらえるから、暴れるという行動をとるというわけです。これを、Ａ：先行刺激—Ｂ：行動—Ｃ：後続刺激という3段階にわけて考えると、以下のようになります。

　　Ａ　先行刺激……複雑な指示
　　Ｂ　行動…………暴れる
　　Ｃ　後続刺激……一時的にすっきりし、先生が個別に対応してくれる

　これではまずいので、以下のように適切な行動を導くような指示に変える必要があります。

　　Ａ　先行刺激……単純な指示（複数の指示は、順序だてて黒板に書く）
　　Ｂ　行動…………指示がわかり適切な行動をする
　　Ｃ　後続刺激……課題が達成できる、先生がほめる

　このように、発達障害のある子どもが「不適切な行動」をとっている場合、その原因であるＡを変えるとともに、Ｂを適切なものに変容していく必要があります。

　次に、各障害別にみていきましょう。まず、自閉症スペクトラムの児童生徒にはどのような支援が必要でしょうか。たとえば、先を見通せないことに強い不安を感じるという子どもの場合、何時に何をするかということを、あらかじめ

視覚的に提示しておくことが不安の抑制につながるかもしれません。また、急な時間割変更などの場合には、変更することを漠然と伝えるのではなく、予定が変わって、どこで何をするかについて伝え、不安を低減する必要があるでしょう。

　また、いわゆるニュアンスを理解し、想像するのが苦手な子どもの場合、たとえば「きちんとそうじしましょう」「ちゃんとそうじしましょう」というような指示ではなく、「ここから端まで、廊下をぞうきん掛けで1往復しましょう」というように具体的に伝えるよう工夫する必要があります。

　学習障害（LD）のある児童生徒については、とくにその子どもの特性（どの能力に困難があるか）により支援が変わってきます。たとえば、「聞く」ことに困難を示している子の場合、教師からの指示が頭に入らないことがあります。指示をするときには、音声で伝えるだけではなく、その内容を黒板に書く、あるいはプリントにして手渡す必要があるでしょう。また、音声で指示をする場合でも、短い言葉で、1つの指示のみをする必要があります。「数学ドリルの問題を解いて、わからなかったら隣と相談し、できたら先生のところにもってきて、提出が終わったら、体育館に行って文化祭の準備をしなさい」というような指示は、混乱してしまいます。複雑な指示をしなければならない場合は、スモールステップにわけて、文字を併用して指示をする必要があるでしょう。

　国語の教科書を「読む」ことに困難を示している子の場合は、たとえば教科書の文節に区切り線を入れたり、教科書を拡大コピーして渡すなどすると、読むことが改善されることがあります。

　注意欠陥／多動性障害（ADHD）のある児童生徒については、どのような支援が必要でしょうか。注意力、衝動性、多動性それぞれについてみていきましょう。注意力に問題のある子どもに関しては、教室環境に気を配る必要があります。板書や掲示物などで、気をそらせるものをなくすとともに、整理整頓をこころがけることが大事です。また、物事にとりくませる場合に、かなり先のことまで要求したり、あるいは同時にいくつもの指示をだして混乱させるのではなく、見通しがもて集中できるような指示をだすことも必要です。衝動性・多動性のある子どもに対しては、無意識に問題のある行動を始めた場合に、それ

を自己認識させ改善させる工夫が必要です。たとえば、「しゃべりたくなって止まらなくなったら、先生がそばにいくから、ゆっくりでいいので落ち着こうね」というような約束をあらかじめしておき、実際にそのようにするということです。

　以上、発達障害のある児童生徒とのかかわりについてみてきましたが、もちろん、「発達障害」あるいは「アスペルガー症候群」などとひとくちにくくられても、児童生徒は一人ひとり異なります。「○○障害だからこのような活動はできないはずだ」というような思い込みは、それぞれ個性的な児童生徒の可能性を阻むことにつながるかもしれません。苦手な部分、得意なことがそれぞれ異なりますので、特性を見極め、その子どもとの相互行為のなかで適切な支援をみいだしていくことが肝要です。上であげたような対応も1つの例にすぎず、その子どもをサポートする教師や学校、あるいは保護者によって蓄積された指導法を活用すること、それとともに、その子にあった指導法をさらに蓄積していくことが大事です。

❹　ユニバーサルデザイン

　近年、教育において「**ユニバーサルデザイン**」(UD) という言葉が、頻繁に用いられるようになってきました。阿部 (2016) はユニバーサルデザインを「より多くの子どもたちにとって、わかりやすい、学びやすい教育のデザイン」であるとしています。障害のある子ども、いろいろな性格の子ども、さまざまな学力の特徴をもつ子どもそれぞれが、学校のなかで学び成長するためにはどのようなことが大事になってくるでしょうか。

　京都府総合教育センター (2013) は、授業づくりにおける「ユニバーサルデザイン」へのヒントとして次のようなことをあげています。まず、すべての子どもたちが授業に参加するには、授業の始めと終わりにおいて、チャイムが鳴ると同時に授業を始め、鳴ると同時に終了するというルールを徹底すること、そして配慮の必要な子どもの場合は、集中しやすい場所、支援が届きやすい場

所など、一人一人の特性に応じて適切な座席配置を工夫することが、重要になります。また、授業内容の理解に関しては、ねらいを明確にする、発問をわかりやすくする、板書をわかりやすくする、さまざまな活動（ペア学習やグループ学習など）を取り入れるといったことがあげられています。

（神藤　貴昭）

課　題

　あなたが教師になった場合、発達障害のある子どもに対して、どのようなことに留意して接するか考えてみましょう。

【文　　献】

阿部利彦　2016　通常授業でユニバーサルデザインを進めるために　阿部利彦（編）　通常授業のユニバーサルデザインと合理的配慮（児童心理1月号別冊）　金子書房.

American Psychiatric Association　2013　*Diagnostic and statistical manual of mental disorders fifth edition: Dsm-5.* American Psychiatric Association.　日本神経医学会（日本語版用語監修）　高橋三郎，大野裕（監訳）　2014　DSM-5 精神疾患の診断・統計マニュアル.　医学書院.

Frith, U.　2003　*Autism: Explaining the enigma. Second edition.* Blackwell Publishing　冨田真紀・清水康夫・鈴木玲子（訳）　2009　新訂　自閉症の謎を解き明かす.　東京書籍

京都府総合教育センター　2013　ユニバーサルデザイン授業〜発達障害等のある子どもを含めて、どの子にもわかりやすい授業〜.

宮尾益知　2008　アスペルガー症候群 子どもの特性を活かす！.　日東書院本社.

文部科学省　2003　通常の学級に在籍する特別な教育的支援を必要とする児童生徒に関する全国実態調査.

文部科学省ホームページ　特別支援教育について.
　　　http://www.mext.go.jp/a_menu/shotou/tokubetu/main.htm

内山喜登夫　2013　発達障害診断の最新事情—DSM-5 を中心に　児童心理2013年12月号臨時増刊・発達障害のある子の自立に向けた支援.　金子書房　11-17.

第3版　あとがき

■■■ ─────────────────────────── ■■■

　本書を手に取っているみなさんの多くは、教師を目指されていることと思います。皆さんが教師になられた際に出会う児童生徒は、どのような未来社会を生きることになるのでしょうか。予測不可能な社会の到来、人工知能の進化、グローバル化のさらなる進展、持続可能な社会の構築……いろいろな未来像が語られています。教師は、このような社会に生きる子どもたちに必要な資質・能力を育てる責務があります。他方で、時代が変わっても、変わらないものもあります。命の大切さ、子供たちに希望をもってもらうこと、どの子供も等しく権利が守られること。これらがあってこその教育です。教職課程では、教育心理学をはじめ、いろいろな学問分野を学ばれることと思います。ぜひともその学びを、未来を生きる子どもたちのために生かしてください。

　教育心理学は、みなさんが教師になった際に、その仕事の多くの場面にかかわってくる学問であると言えるでしょう。みなさんが教師になった暁には、教育心理学を生かすとともに、新たに教育心理学を創っていくという作業も大事になります。本書を読まれたあなた、これからは一緒に教育心理学を創っていきましょう。今後は、あなたが、「ようこそ、教育心理学の世界へ！」と言う番です。

　本書『ようこそ教育心理学の世界へ』は、初版が2014年4月、改訂版が2017年3月に出版されました。そして、2020年2月に、第3版が出されることになりました。この6年の間に、学習指導要領の改訂、教職員免許法施行規則の改正、大学教職課程の「教職コアカリキュラム」の策定など、教員養成をめぐる、めまぐるしい変化がありました。教職大学院の設置や拡充等、教員養成の修士レベル化も進行しています。初版から長きにわたりお世話になっています、北樹出版編集部の福田千晶さんに感謝申し上げます。

2019 年 10 月

京都にて　神藤　貴昭　　　福岡にて　久木山 健一

索　引

執筆者紹介

神藤　貴昭

立命館大学大学院教職研究科教授、京都大学博士（教育学）
大阪大学大学院人間科学研究科博士後期課程中途退学、京都大学
助手、徳島大学准教授等を経て現職。

著書：『大学教育における相互行為の教育臨床心理学的研究―「フ
　　　レーム」とその変容に着目して―』学術出版会（単著、
　　　2011年）、『行動科学への招待―現代心理学のアプローチ
　　　（改訂版）』福村出版（共編著、2011年）、『現代心理学の視
　　　点シリーズ　青年心理学』おうふう（分担執筆、2012年）、
　　　『生成する大学教育学』ナカニシヤ出版（分担執筆、2012
　　　年）、『新しい教職教育講座　教職教育編4　教育心理学』
　　　ミネルヴァ書房（共編著、2019年）ほか

久木山　健一

九州産業大学国際文化学部教授、博士（心理学）名古屋大学
名古屋大学大学院教育発達科学研究科博士後期課程単位取得退学、
愛知学泉大学講師等を経て現職。

著書：『子どもの発達と心理』八千代出版（分担執筆、2007年）、
　　　『現代社会と教育』青簡社（分担執筆、2008年）、『現代教
　　　育の諸相』青簡社（分担執筆、2010年）、『仮想的有能感の
　　　心理学』北大路書房（分担執筆、2012年）、『コンピテンス
　　　―個人の発達とよりより社会形成のために』ナカニシヤ出
　　　版（分担執筆、2012年）、『新しい教職教育講座　教職教育
　　　編4　教育心理学』ミネルヴァ書房（共編著、2019年）ほか

【第3版】ようこそ教育心理学の世界へ

2014年4月1日	初版第1刷発行
2016年9月20日	初版第3刷発行
2017年3月1日	改訂版第1刷発行
2019年4月10日	改訂版第3刷発行
2020年3月31日	第3版第1刷発行

著　者　神藤　貴昭

久木山健一

発行者　木村　慎也

印刷　新灯印刷／製本　新灯印刷

発行所　株式会社　北樹出版

〒153-0061　東京都目黒区中目黒1-2-6
URL：http://www.hokuju.jp
電話(03)3715-1525(代表)　FAX(03)5720-1488